Drogen(un)glück

Mia und die Stieffamilie

Für Konstantin

und

den anonymen Anrufer*

*Im Mai 2014 hast du meinem Sohn das Leben gerettet -
tausend Dank für deinen mutigen Anruf!

Lilly Fröhlich

Mia und die Stieffamilie

Band 8

Impressum

Bibliografische Information der Deutschen Nationalbibliothek: Die Deutsche Nationalbibliothek verzeichnet diese Publikation in der Deutschen Nationalbibliografie; detaillierte bibliografische Daten sind im Internet über http://dnb.dnb.de abrufbar.

TWENTYSIX – Der Self-Publishing-Verlag
Eine Kooperation zwischen der Verlagsgruppe Random House und BoD – Books on Demand

© 2020 Lilly Fröhlich

Herstellung und Verlag:
BoD – Books on Demand, Norderstedt

ISBN: 978-3-740-765279

Illustration:	*Lilly Fröhlich, © Lilly Fröhlich*
Covergestaltung:	*Lilly Fröhlich, © Lilly Fröhlich*
Cover:	*Isabelle Ferrara/Lilly Fröhlich,*
	© 2020 Lilly Fröhlich

Alle Rechte vorbehalten.

Das vorliegende Werk ist mit all seinen Teilen urheberrechtlich geschützt und darf – auch teilweise – nur mit Genehmigung der Autorin wiedergegeben werden. Das Kopieren, die Digitalisierung, die Farbverfremdung und Ähnliches stellt eine urheberrechtlich relevante Vervielfältigung dar. Verstöße gegen den urheberrechtlichen Schutz sowie jegliche Bearbeitung der hier erwähnten schöpferischen Elemente sind nur mit ausdrücklicher vorheriger Zustimmung des Verlags und des Autors zulässig.

Inhaltsverzeichnis

Alter ist nur eine Zahl 13
Teenie-Disco 24
Schlaflosigkeit..35
Oma Kassys Nachhilfe..41
Polizeilich bekannt..58
Versprochen - gebrochen..80
Legalisierung...98
Blanker Horror 112
Alles ganz easy?..122
Überraschung..132
Suchtberatungsstellen 148

Steckbrief:

Name: Mia Maibaum

Alter: 15 Jahre

Adresse: Bärenklau

Was ich mag: Pinguine, Malen

Was ich nicht mag: Streit, Mobbing

Was ich werden will: Tierärztin

Steckbrief:

Name: Emma Rosenstein

Alter: 15 Jahre

Adresse: Bärenklau

Was ich mag: Pippi Langstrumpf

Was ich nicht mag: Fleisch

Was ich werden will: Chefin

Steckbrief:

Name: Thomas

Alter: 15 Jahre

Adresse: Bärenklau

Was ich mag: Mia, Fußball

Was ich nicht mag: Streit, Konkurrenz

Was ich werden will: Anwalt

Steckbrief:

Name: Matthew Jones

Alter: 15 Jahre

Adresse: Bärenklau

Was ich mag: Skaten, Sport

Was ich nicht mag: Stress, dumme Kommentare

Was ich werden will: Englischlehrer

Steckbrief:

Name: Max Heinrich

Alter: 16 Jahre

Adresse: Bärenklau

Was ich mag: Karten, Drugs

Was ich nicht mag: Stiefväter

Was ich werden will: Irgendwas

Alter ist nur eine Zahl

»Afrika ist so beeindruckend! Es waren phantastische Wochen bei euch. Vielen Dank für alles!« Mia Maibaum sitzt in der Abendsonne auf der Veranda des großen Holzhauses ihrer Mutter und ihres Stiefvaters, Linda und Mike Hansen, und nippt seufzend an ihrem alkoholfreien Cocktail.
Neben ihr sitzen ihr Freund Thomas Wietmüller sowie ihre beste Freundin Emma Rosenstein und dessen Freund Matthew Jones.
»Wir haben uns sehr, sehr gefreut, dass ihr da wart«, sagt Mias Mutter ergriffen.
Mia lächelt. »Und es fühlt sich toll an, so einen herzlichen, hübschen und aufgeschlossenen Stiefvater wie Mike zu haben.«
Mike Hansen, oder vielmehr Dr. Mike Hansen - Mias Mutter hatte einen Chirurgen geheiratet, der eine Klinik in Südafrika betreibt - streicht seiner Stieftochter lächelnd über den Kopf. »Du bist auch die tollste Stieftochter, die man sich wünschen kann. Und wenn du doch von mir adoptiert werden möchtest, dann gib mir Bescheid! Ich bin sofort dabei.«
Mia lacht schnaufend. »Bloß nicht! Das würde meinen Paps so grämen, dass er vermutlich nie wieder ein Wort mit mir sprechen würde.«
»Mit mir auch nicht«, wirft Linda ein und verdreht die Augen. »Nicht, dass mich das als Ex-Frau sonderlich stören würde, aber ich möchte nicht, dass du Ärger mit ihm hast.«
»Ist schon komisch, dass sich so viele Menschen verlieben und dann wieder trennen«, bemerkt Emma nachdenk-

lich. »Und das, obwohl sie Kinder haben. Und dann verlieben sich die Eltern neu und schwups, entstehen Stieffamilien.«
Mia nickt.
Sie blickt zu Thomas.
Sie kann sich überhaupt nicht vorstellen, sich von ihm zu trennen. Er ist ihre große Liebe und daran wird sich auch niemals etwas ändern. Und wenn sie ihn heiraten und eine Familie mit ihm gründen würde, könnte sie sich noch weniger vorstellen, sich von ihm zu trennen.
Thomas erwidert ihren Blick und lächelt. »Einen Penny für deinen Gedanken!«
»Ich habe nur gedacht, dass ich mir nicht vorstellen kann, von dir getrennt zu sein«, gibt Mia zu.
»Ich auch nicht«, erwidert Thomas und gibt Mia einen kurzen Kuss.
»Junge Liebe ist so süß!«, schwärmt Mias Mutter. »Aber unterschätzt das Beziehungsleben nicht! Wenn man im Alltagstrott gefangen ist, zur Arbeit gehen und gleichzeitig noch eine Familie versorgen muss, schleicht sich schnell mal tödliche Routine ein und schwups«, Mias Mutter fährt mit der Hand durch die Luft und grinst Emma vielsagend an, »ist die Liebe tot und man selbst fragt sich, ob das schon alles war im Leben.«
Mia guckt ihre Mutter nachdenklich an. »Dann war das so bei dir und Papa?«
Mias Mutter nickt. »Ja. Wir haben zuletzt nur noch gestritten und unsere Liebe füreinander ist irgendwie flöten gegangen. Und obwohl wir dich beide sehr lieben, hat das nicht gereicht, um zusammen zu bleiben.«
»Ich bin nur froh, dass Papa Sophie kennengelernt hat. Sie ist eine tolle Stiefmutter«, sagt Mia lächelnd. »Und ich bin froh, dass du Mike gefunden hast. Er ist ein toller…«

»Stiefvater«, beendet Mike grinsend ihren Satz. »Danke für das Kompliment!«
»Wann fliegt ihr morgen eigentlich zurück?«, fragt Linda Hansen plötzlich.
»Erinnere uns nicht daran«, stöhnt Thomas.
»Fliegst du nicht gerne?«, will Mias Mutter wissen.
Thomas schüttelt den Kopf. »Nee, überhaupt nicht. Ich bin nur froh, dass der Flug nur dreizehn Stunden dauert. Ich hoffe, ich verschlafe die Zeit.«
»Ich finde Fliegen ganz witzig«, sagt Mia. Sie stupst Emma an. »Wir werden es uns wieder gemütlich machen, oder? Ein cooles Video gucken, Chips mampfen und Cola trinken.«
»Die Mädchen sind bestens versorgt«, feixt Matthew.
Mike hebt den Daumen. »Nehmt es mir nicht übel, aber ich hatte einen sehr langen Tag. Ich muss ins Bett.«
»Wir gehen jetzt auch schlafen«, sagt Mia und erhebt sich.
Sie verabschieden sich und gehen in ihren Schlafraum, den sie sich die letzten sechs Wochen geteilt haben.
»Ich werde Afrika ein bisschen vermissen«, sagt Mia.
»Wir auch«, stimmt Emma ihr zu. »Es war ein richtig geiler Urlaub!«
»Dem ist nichts hinzuzufügen«, sagt Matthew und wirft sich aufs Bett.

***

Mia umarmt ihre Mutter ein letztes Mal und drückt auch ihren Stiefvater noch einmal kurz an sich.
»Es hat uns sehr gefreut, dass du uns endlich einmal besucht hast, Mia«, sagt Mike.
»Ich habe mich auch sehr gefreut«, erwidert Mia strahlend. »Allerdings habe ich beim Anblick der vielen Pin-

guine hier am Strand doch etwas Sehnsucht nach meinen vier Pinguinen und meinem Uhu bekommen«, gibt sie zu.
»Deine Tiere haben dich ja in ein paar Stunden wieder«, beruhigt Mias Mutter sie.
»Wir möchten uns auch noch mal bei euch bedanken«, sagt Emma und lässt sich von Mias Mutter umarmen.
Mias Mutter lächelt. »Gern geschehen. Es war toll, vier junge Menschen in unserem Haus zu haben. Es ist sonst so groß, leer und still. Ihr habt unsere Bude quasi mit Leben gefüllt.«
Mike holt gemeinsam mit Thomas und Matthew das Gepäck aus dem Kofferraum. »Dann wünschen wir euch jetzt einen guten Heimflug! Kommt heil nach Hause!«, sagt Mike und reicht noch einmal allen Jugendlichen die Hand.
Die vier Freunde verabschieden sich und checken ein. Sie geben die Koffer zur Gepäckaufgabe und gehen zu ihrem Abflugterminal.
Eine halbe Stunde später sitzen sie im Flieger.
»Das war ein wundervoller Urlaub. Ich wünschte, die Ferien würden nie zuende gehen«, sagt Thomas und schaut seiner Freundin ganz verliebt in die blauen Augen.
Mia lächelt. »Das wünschte ich auch. Es ist gar nicht so schlimm, einen Stiefvater zu haben.«
Emma, die mit Matthew hinter den beiden am Fenster sitzt, rutscht auf ihrem Sitz nach vorne. »Und ist es in Ordnung, dass er dich anfangs adoptieren wollte?«
Mia schnauft. »Heute lachen wir beide über seinen Versuch. Aber letztes Jahr, als meine Mutter zuhause anrief und meinem Vater erzählte, dass mich ihr neuer Ehemann adoptieren will, war das alles andere als witzig. Das hatte mir ganz schön Angst eingejagt.«

»Ich finde, Mike ist echt cool drauf!«, sagt Matthew nachdenklich.
»Stimmt«, pflichtet Thomas ihm bei. »Wie lange fliegen wir jetzt eigentlich?«
Mia blickt ihn misstrauisch an. »Warum fragst du? Willst du etwa schon wieder eine rauchen?«
Thomas verdreht genervt die Augen. Er hat kurz vor den Sommerferien angefangen, Zigaretten zu rauchen. Der Urlaub war zwar wunderschön gewesen, aber zwischendurch haben die Mädels die beiden Jungs ganz schön genervt, weil sie ständig darauf herumgehackt haben, dass sie das Rauchen einstellen sollen.
»Wir fliegen vierzehn Stunden«, mischt sich Matthew ein.
»Boah, so lang?«, stöhnt Thomas.
Mia grunzt. »Thomas, du wirst es wohl mal einen Tag lang ohne deine stinkenden Dinger aushalten, oder?«
»Das glaube ich kaum«, entgegnet Thomas.
Verärgert lässt er sich im Sitz zurückfallen.
Mia wühlt in ihrer Handtasche herum. »Eigentlich hatte ich dir die Kaugummis zuhause geben wollen, damit du endlich mit dem Rauchen aufhörst, aber…«
Thomas' Oberkörper kommt mit einem Ruck nach vorne. Eilig grabscht er nach den Kaugummis. »Krass! Du hast Nikotinkaugummis für mich gekauft?«
Mia und Emma werfen sich heimlich Blicke zu.
Schließlich räuspert sich Emma. »Was haltet ihr zwei Jungs davon, wenn wir die Plätze tauschen? Ich setze mich nach vorne zu Mia und du, Thomas, kommst nach hinten zu Matthew. Dann könnt ihr stundenlang auf euren ekligen Kaugummis herumkauen und euch darüber aufregen, dass man im Flieger das Rauchverbot eingeführt hat.«

Thomas springt grinsend auf. »Die beste Idee des Tages, Emma.«

Emma quetscht sich an Matthew vorbei und pflanzt sich auf Mias benachbarten Sitz. »Sollen die beiden doch im Nikotin erstinken«, feixt sie.

Mia hält ihr die Faust hin.

Emma tippt mit ihrer Faust dagegen.

»Uuuh, Thommy, hast du gesehen? Mia und Emma besiegeln ihren Pakt mit einer Ghettofaust!«, surrt Matthew.

»Lass sie reden«, winkt Emma ab. Sie hält ihrer Freundin eine Tüte Gummibärchen hin. »Wir wählen die gesündere Variante.«

Thomas beugt sich vor und linst durch den Spalt der beiden Passagiersitze. »Das ist jawohl ein Scherz! Ein Gummibärchen enthält ein Stück Würfelzucker. Außerdem macht Zuckt auch süchtig.«

»Immer noch besser als eine giftige Nikotinbombe, mein Lieber«, kontert Mia und steckt sich demonstrativ gleich fünf Gummibären in den Mund.

Thomas winkt ab und lehnt sich wieder in seinem Sitz zurück.
Den Rest des Fluges reden die Jungs nur das Nötigste mit den Mädels.

***

»Fridolin! Fritz! Mann, ich habe euch so vermisst!« Mia umarmt ihren Pinguin, der mit seinen drei Kindern seit einigen Jahren an den Wochenenden bei ihr wohnt. Auch Fritz, ihr einst verunglückter Uhu, kommt herbeigeflattert und lässt sich erst einmal kraulen.
»Uns hast du wohl nicht vermisst?«, fragt Tom Maibaum, Mias Vater, fast ein wenig beleidigt.
Mia blickt auf. »Doch, natürlich. Euch alle habe ich vermisst.«
Stella gibt ihrer großen Schwester einen Kuss. »Du warst so lange im Urlaub.«
Mia lächelt. Dann strubbelt sie ihrer sechs Jahre alten Schwester über die blonden Locken. »Ja. Aber ich bin genau rechtzeitig wieder da, um bei deiner Einschulung dabei zu sein.«
»Und bei meinem Geburtstag«, stöhnt Sophie Maibaum, Mias Stiefmutter.
Vor acht Jahren haben sich Mias Eltern getrennt. Während ihre Mutter mit Mike nach Südafrika durchgebrannt war, hatte sich ihr Vater in ihre damalige Klassenlehrerin Sophie Biber verliebt. Bereits ein Jahr später kam Stella, Mias kleine Halbschwester, zur Welt. Und dann haben Mias Papa und Sophie geheiratet.
»Willst du etwa nicht Geburtstag feiern? Immerhin wirst du vierzig«, betont Mia Sophies Alter, die daraufhin fast heulend zusammenbricht.

Mias Papa winkt ab. »Sophie ist zur Zeit etwas empfindlich, was ihr Alter angeht. Sie ist der Meinung, mit vierzig hört das Leben auf.«
»Hm.« Nachdenklich krault Mia ihren Uhu. »Vierzig ist auch echt ganz schön alt.«
»Das finde ich überhaupt nicht«, widerspricht Mias Oma, die soeben die Terrasse betreten hat.
Mia springt erfreut auf und begrüßt ihre Großeltern. »Oma! Opa! Schön, dass ihr da seid!«
»Wir wollten doch mal sehen, was unsere Weltenbummlerin so macht«, sagt Mias Opa.
Mia lächelt. »Der Urlaub war toll. Südafrika ist ein wunderschönes Land.«
»Sag bloß, ihr durftet euch da frei in der Stadt bewegen?«, will Mias Opa sofort wissen.
Mia schüttelt den Kopf. »Nein. Die Klinik liegt ja etwas außerhalb von Kapstadt. Dort auf dem Klinikgelände durften wir uns frei bewegen. Aber Mike hat uns nicht alleine nach Kapstadt gelassen. Er meinte zwar, dass das heutzutage nicht mehr ganz so gefährlich sei, aber er wollte kein Risiko eingehen.«
»Zum Glück hat er wenigstens etwas Grips«, stöhnt Mias Papa.
Sophie schnauft. »Tom! Dass du immer auf Mias Stiefvater herumhacken musst. Mike ist doch ganz in Ordnung.«
»Er ist Arzt«, betont Stella mit ernster Miene. Sie deutet auf ihren Arztkoffer, mit dem sie momentan rauf und runter spielt. »Ich werde auch Arzt«, sagt sie voller Überzeugung.
»Das machst du richtig, Stella«, lobt Opa seine jüngste Enkeltochter.
Stella lächelt.

»Und warum hast du nun so ein Problem mit deinem Geburtstag, Sophie? Alter ist doch nur eine Zahl«, sagt Oma. Sophie stöhnt. Theatralisch fährt sie sich durch die Haare und lässt sich auf einen Stuhl plumpsen. »Ach, ich weiß auch nicht. Als ich dreißig wurde, habe ich mich schon unendlich alt gefühlt. Irgendwie war das schon das Ende meiner Party-Ära. Aber jetzt, zehn Jahre später, habe ich das Gefühl, ich steuere nur noch auf den Tod zu. Seht euch Tom an! Ihm gehen die Haare langsam aus und er bekommt einen Bauchansatz. Wir brauchen beide schon eine Lesebrille. Und aus dem Haus gehen wir nur noch, wenn wir zur Arbeit müssen. Ich kann mich gar nicht mehr daran erinnern, wann wir das letzte Mal etwas gemeinsam als Paar gemacht haben. Oder mit Freunden.«
»Unsere Freunde haben mittlerweile alle Familie und haben so gut wie nie Zeit«, widerspricht Mias Papa. »Und dass mir die Haare ausgehen, gefällt mir auch nicht. Aber ich kann das nicht ändern. Du hast ja auch schon mehr als drei graue Haare. Und an den Augen bekommst du die ersten Falten.«
Sophie blickt ihren Mann vorwurfsvoll an.
Mia seufzt. »Papa! Du bist aber nicht gerade charmant! Die Wahrheit hast du aber auch schon mal besser verpackt!«
Bevor ihr Vater antworten kann, ertönt lautes Gejubel vom Gartenzaun. »Hallo Sophie! Hallo Tom!«
Celia und Sabine Sanders, die zwei Mütter von den Zwillingen Amelie und Nils, haben einen Kuchen gebacken und betreten den Garten.
»Herzlichen Glückwunsch zum Geburtstag, Sophie! Heute wirst du vierzig und das ist ein Grund zum Feiern!«, sagt Celia Sanders feierlich, während ihre Kinder Mia leise begrüßen.

Sophie fängt fast an zu weinen. »Das ist doch kein Grund zum Feiern! Das ist ein Grund zum Trauern!«
Celia winkt ihre Frau herbei. »Das haben wir schon befürchtet. Sabine, reiche mir doch bitte den Kuchen!«
Sabine überreicht ihrer Frau den Kuchen, die diesen sofort aufschneidet. In dem Kuchen befindet sich ein Plastikei.
»Aufmachen!«, befielt Celia Sophie.
Mit großen Augen greift Sophie nach dem Ei. »Was ist das?«
»Öffnen! Keine Fragen stellen!«
Tom Maibaum schmunzelt.
Gespannt halten alle den Atem an, als Sophie das Ei öffnet und einen Zettel entfaltet. »Ü-40-Party? In Berlin? Heute Abend?« Fragend blickt sie auf.
Celia lächelt. »Wir vier fahren heute Abend nach Berlin und werden auf dieser Party für fast alte Hasen mal so richtig die Sau rauslassen. Und dann wollen wir doch mal sehen, was hier ›alt‹ ist.«
Mias Oma klatscht begeistert in die Hände. »Das ist so eine tolle Idee! Hat mir gleich gut gefallen.«
Auf Sophies Gesicht zeichnet sich langsam ein Lächeln ab. »Das ist eine hervorragende Idee! Aber…«
Bevor sie ihre Frage stellen kann, überreicht Sabine ihr einen Briefumschlag.
»Noch ein Geschenk?«
Sophie öffnet den Brief. »Eine romantische Übernachtung?«
Celia und Sabine nicken lächelnd. »Ein Freund von Jakob hat ein kleines Romantikhotel ganz in der Nähe der Party. Wir können quasi zu Fuß laufen.«
Sophie springt auf und umarmt ihre beiden Nachbarinnen, die in den letzten Jahren zu ihren Freundinnen geworden

sind. »Das ist ein richtig tolles Geschenk! Danke, danke, danke!«
»Und wer passt auf uns auf?«, fragt Mia.
Mias Papa lacht schnaufend. »Willst du mir etwa erzählen, dass du einen Babysitter brauchst? Du bist fünfzehn und warst sechs Wochen alleine in Südafrika.«
Mia grinst. »War nur ein Scherz.«
»Wir sind doch auch noch da. Schließlich haben Sabine und Celia uns eingeweiht«, beschwert sich Mias Oma.
»Oma! Ihr bleibt über Nacht?«, ruft Mia erfreut.
Mias Großeltern nicken.
»Cool, dann können wir eine Übernachtungsparty feiern, Stella!«
Stella springt erfreut auf und ab. »Toll, wir feiern eine Party! Kriege ich Gummibärchen? Und Schokolade?«
Mia nickt. »Natürlich! Und wir gucken einen echten Mädchenfilm an. Was meinst du?«
Stella fliegt ihrer großen Schwester um den Hals. »Das ist sooo toll. Geburtstagsfeiern ist toll. Aber Übernachtungspartys sind fast noch toller.«
Die Erwachsenen schmunzeln.
»Na, dann schlage ich doch vor, wir essen jetzt ganz viel Kuchen und dann machen wir uns für ein Wochenende in Berlin startklar«, ruft Mias Papa schließlich.
Glücklich streicht sich Sophie eine kleine Freudenträne aus den Augenwinkeln und nickt.

Teenie-Disco

Mit verträumten Gesichtsausdruck sitzt Sophie Maibaum in der Küche und starrt vor sich hin, als Mias Papa hereinkommt und seiner Frau über den Rücken streichelt.
»Na, auf welcher Reise bist du denn gerade?«
Sophie blickt auf und lächelt. »Ich habe gerade an letztes Wochenende denken müssen. Die Ü-40-Party war toll, obwohl alle Gäste schon so alt waren.«
Mias Papa lacht laut auf. »Alt? Sie waren in etwa so alt wie wir, Schatz!«
»Ich weiß. Das haben solche Partys wohl an sich, was?«
»Was heißt eigentlich das ›Ü‹?«, will Mia wissen, die die Pellkartoffeln schält.
»›Über‹«, antwortet ihr Vater. »Es gibt nicht nur Partys, die man so für eine bestimmte Personengruppe einschränkt. Frag mal Thomas! Auch beim Fußball gibt es zum Beispiel U-20-Mannschaften.«
»Heißt das dann ›Unter 20‹?«, schlussfolgert Mia.
Ihr Papa strubbelt ihr durch die Haare, was Mia dazu veranlasst, laut aufzuschreien. »Nicht meine Frisur, Papa! Ich gehe doch heute noch in die Disco!«
Mias Papa hebt beide Hände. »Verzeihung! Ich wusste gar nicht, dass du mit fünfzehn schon in die Diskothek gehen darfst.«
»Sophie hat's erlaubt«, verteidigt sich Mia sogleich.
Mias Papa verdreht die Augen. »Sophie würde in ihrer momentanen Traumphase vermutlich alles erlauben! Das zählt nicht.«

Enttäuscht lässt Mia den Kopf hängen. »Heißt das etwa, dass ich nicht gehen darf? Alle aus meiner Klasse gehen hin!«
»In die Disco?«, fragt Mias Papa überrascht.
Sophie stöhnt. »Tom, das ist eine Kinder-Disco! Für Teenager im Alter von elf bis siebzehn. Das ist total harmlos.«
»Etwa in diesem Club im Nachbarort?« Mias Papa verschränkt die Arme vor der Brust.
»Gibt es etwas auszusetzen an dem Club?«, Sophie stellt sich ihm gegenüber hin und verschränkt ebenfalls beide Arme.
Schließlich knickt Mias Papa ein. »Nein. Kinder-Disco ist okay. Von wann bis wann geht die denn?«
»Die Teenie-Disco ist von achtzehn bis zweiundzwanzig Uhr«, antwortet Mia schnell.
Tom Maibaums Augenbraue wandert fragend in die Höhe. »Und wer fährt dich um diese Uhrzeit noch nach Hause?«
Mia schnalzt mit der Zunge. »Papa, was für eine Frage! Thomas hat doch ein Moped! Und einen Führerschein«, fügt sie eilig hinzu.
»Na gut. Aber dann bist du um spätestens halb elf zuhause. Und keine Sekunde später!«, fordert Mias Papa.
Mia nickt und bemüht sich um ein Lächeln. Sie wäre gerne noch mit zu Thomas gegangen, aber da sie ihren Ausflug in die Disco nicht riskieren will und ihr Papa heute nicht die beste Laune hat, hält sie eine Hand gegen die Stirn. »Ey, ey, Sir! Geht klar. Ich werde pünktlich sein.«
»Sehr gut.« Mias Papa reibt sich lächelnd die Hände. »Wann gibt es Essen? Ich habe einen Bärenhunger!«
»In fünf Minuten«, sagt Sophie und holt den Quark aus dem Kühlschrank.

»Kartoffeln mit Quark«, freut sich Mias Papa. »Das ist eine meiner Lieblingsspeisen.«

***

»Hast du Zigaretten dabei?«, will der stämmige Mann am Eingang des Clubs wissen.
Mia schüttelt den Kopf. »Nein, ich rauche nicht.«
»Alkohol?«, fragt der Typ weiter und mustert Mias Handtasche.
»Nein, da sind nur Taschentücher, Portemonnaie und mein Handy drin.« Voller Empörung umklammert Mia ihre Handtasche.
»In Ordnung.« Der Türsteher winkt sie durch.
Kurz darauf ist auch Emma im Club.
Nur die Jungs, Thomas und Matthew, müssen ihre Zigaretten am Eingang abgeben. Laut protestierend besteht Thomas schließlich darauf, seinen Namen auf die Packung zu schreiben. »Wenn ich nachher nach Hause gehe, will ich die wiederhaben. Die haben Geld gekostet.«
»Ach?«, sagt der Türsteher. »Aber ihr wisst genau, dass Zigaretten und Alkohol unter 18 verboten sind, oder? Und in der Teenie-Disco gilt dasselbe. Also lasst das Zeug nächstes Mal besser zuhause!«
Verärgert betreten Matthew und Thomas den Club.
»Na los, kommt schon, ihr zwei!«, ruft Emma ungeduldig. »Die blöden Zigaretten sind doch nicht so wichtig. Heute machen wir Party!«
Thomas verdreht die Augen. »Party ohne Zippen ist doch ätzend!«
»Immerhin kriegen wir die wieder, wenn wir rausgehen«, sagt Matthew.
»Vielleicht«, knurrt Thomas.

Emma blickt genervt zu Mia. Schließlich hakt sie ihre Freundin unter. »Oh Mann, das wird eine lustige Party! Die beiden Süchtigen werden vermutlich die Hälfte der Zeit draußen stehen und sich an ihren Glimmstängeln festhalten.«
»Wenn sie sie wiederkriegen«, erwidert Mia.
Thomas und Matthew äffen die Mädels nach.
Wütend dreht sich Emma um und springt auf Matthew zu.
»Pass lieber auf! Ich kann Karate! Äff mich niemals nach!«
Erschrocken weicht Matthew zurück. »Süße, du wirst mich doch wohl nicht flachlegen wollen, oder?«
Emma blickt ihren Freund an, dann muss sie lachen. Sie gibt ihm einen schnellen Kuss und zieht ihn schließlich auf die Tanzfläche.
»Wollen wir auch tanzen?«, fragt Mia ihren Freund hoffnungsvoll, doch Thomas winkt ab. »Kein Bock!«
Mia stöhnt. »Warum bist du dann mitgekommen, wenn du keine Lust hast zum Tanzen?«
»Nur so«, brummt Thomas.
Mia seufzt. »Wollen wir erst einmal etwas trinken? Ich spendiere dir eine Cola!«
Thomas nickt. »In Ordnung.«
Sie gehen an die Bar und ordern zwei Gläser Cola.
Nach wenigen Minuten setzen sie sich an einen freien Tisch. Lustlos schlürft Mia ihr braunes Zuckerwasser durch einen Strohhalm. Sie ist so frustriert, dass Thomas nicht tanzen will, dass sie ihre Cola im Nu ausgetrunken hat.
Plötzlich kommt ihr Lieblingslied.
Erfreut springt sie auf. Ohne auf eine Antwort zu warten, zieht sie Thomas vom Sitz hoch und schleift ihn zur Tanzfläche. Gemeinsam tanzen sie nun doch, bis das Lied zu-

ende ist. Es folgt ein weiterer peppiger Song und da Thomas nun einmal schon in Bewegung ist, tanzt er eine halbe Stunde mit Mia und seinen Freunden.
Schließlich verlassen sie die Tanzfläche.
Emma und Matthew laufen zur Bar und holen für sich und Mia eine Apfelschorle.
Thomas lässt sich wieder auf den Sitz fallen, auf dem er vorher schon gesessen hatte. »Cool, meine Cola steht noch da!«
»Klar«, sagt Mia, »dein Glas ist ja auch noch fast voll. Warum sollten sie das Glas wegräumen?«
Thomas zuckt mit den Schultern. Er nimmt den Strohhalm heraus und leert das Glas in einem Zug.
»Hier ist deine Apfelschorle«, ruft Emma ausgelassen und überreicht Mia das Glas. »Aber trink es aus oder nimm es mit, falls du deinen Platz verlässt!«, warnt sie ihre Freundin.
Mia rümpft die Nase. »Warum das denn?«
Emma legt den Kopf schief. »Noch nie was von den Idioten gehört, die dir Drogen ins Glas werfen?«
Mia macht große Augen, dann schüttelt sie den Kopf. »Drogen?« Unsicher schaut sie auf Thomas.
Er ist seltsam blass geworden.
Dann beugt sie sich über den Tisch. »Geht es dir gut?«
Thomas blickt sie stirnrunzelnd an. »Klar. Warum denn nicht?« Er klammert sich am Tisch fest und fängt an zu keuchen.
»Ist alles okay, Thomas?«
»Klar. Die Luft ist nur sehr schlecht hier drinnen.«
»Du willst doch nur wieder rausgehen, um eine zu rauchen.« Mia verdreht die Augen und wendet sich wieder an Emma. »Die nehmen hier allen Alkohol und Zigaretten

am Eingang weg. Glaubst du wirklich, hier kommen Typen rein, die anderen Drogen unterjubeln?«
»Glaub, was du willst, Mia!«, sagt Emma fast ein wenig schnippisch. »Aber meine Oma hat mich gewarnt. So was haben die schon vor fünfzig Jahren gemacht. Und die Menschen ändern sich nicht.«
»Warum sollten die das tun?«, fragt Mia nachdenklich. »Das Zeug kostet doch viel Geld! Die haben doch nix zu verschenken.«
Emma klopft Mia auf die Schulter. »Süße! Natürlich haben die Drogendealer nichts zu verschenken. Aber das nennt man ›Anfüttern‹! Sie geben anderen Drogen, machen sie abhängig und dann verticken sie das Zeug an dich, weil du es unbedingt brauchst.«
Mia lässt sich kopfschüttelnd auf ihren Sitz fallen. »Du hast bestimmt Recht in der allabendlichen Disco für Erwachsene, aber wir sind hier in einer TEENIE-Disco! Da gibt es doch keine Drogen!«
Emma lässt sich neben Mia nieder.
Thomas rutscht vom Sitz und keucht noch heftiger.
Sein Körper fängt an zu zittern, die Zähne schlagen aneinander. Schweiß rinnt ihm von der Stirn.
Matthew rückt zu Thomas vor. »Hey Thommy, was ist? Nikotinentzug?«
Thomas röchelt. »Schätze ja.«
»Das ist nicht witzig, Thomas«, beschwert sich Mia und wendet sich von ihm ab.
»Vielleicht hast du Recht und es gibt hier keine Drogen«, lenkt Emma ein. Sie lächelt ihrer Freundin aufmunternd zu.
»Thomas? Thomas?«, ruft Matthew.
Am Tonfall erkennen die Mädchen den Ernst der Lage und wenden sich erschrocken zu den Jungs.

Er umklammert seine Brust.
Thomas hockt nun am Boden.
Sein Kopf ist knallrot.
»Ich habe einen Krampf!«
»Du hast bestimmt zu wenig Magnesium intus«, sagt Matthew, aber die Situation ist ihm nicht ganz geheuer.
Mia legt ihm eine Hand auf die Stirn. »Gott, du bist total heiß. Hast du Fieber?«
Thomas schüttelt den Kopf.
Langsam richtet er sich auf.
Erschrocken fährt Mia zurück. »Thomas! Was ist mit deinem Herz?«
Thomas Brust hat im Takt eines viel zu schnellen Herzschlages eine heftige Ausbeulung.
Mia legt ihm eine Hand auf die Brust.
Hart trommelt das Herz dagegen, als wollte es herausspringen.
»Wir müssen einen Arzt rufen«, sagt sie voller Panik.
Emma und Matthew begutachten Thomas' Herzschlag, der sich mehr als deutlich durch den Pullover abzeichnet.
»Alter, krass! So etwas habe ich noch nie gesehen!«, ruft Matthew erstaunt.
Thomas hebt eine Hand.
Langsam beruhigt sich sein Herzschlag. »Wartet!«
Er atmet ein paar Mal tief ein, dann rutscht er zurück auf seinen Sitz. Plötzlich springt er wieder auf und zappelt wie eine Gummipuppe, deren Motor verrückt spielt.
»Ist alles okay, Thomas?«, fragt Matthew.
Thomas versucht zu nicken. »Alles bestens. Mir ging es noch nie besser. Geil! Ich bin so was von topfit!«
Mia blickt erst Thomas, dann Emma verwirrt an.
Emma verschränkt die Arme vor der Brust. »Thomas?«

»Hm?« Thomas blickt sie nur kurz an. Dann rennt er auf die Tanzfläche und zappelt dort wie ein Irrer herum.
Fragend blicken die drei ihm hinterher.
»Was ist nur in ihn gefahren?«, will Mia wissen.
Emma schnalzt mit der Zunge. »Wenn ich es nicht besser wüsste, würde ich sagen, er hat sich irgendeine Pille eingeworfen.«
Pikiert schaut Mia zu ihrer Freundin. »Eine Pille? Was für eine Pille?«
»Drogen!«
»Was? Warum sollte er das tun?«, fragt Mia verwundert.
»Illegale Drogen, Mia! Synthetische Drogen. Chemisch hergestellter Mist«, führte Emma weiter aus.
Im selben Augenblick kippt nahe der Bar ein junges Mädchen um. Sie hat am ganzen Körper Krämpfe, sie erbricht und liegt plötzlich totenstill auf dem Boden.
Geschockt blicken Mia und Emma zu dem Mädchen hinüber. Es wird von zwei Ordnern hinausgetragen.
»Kreislaufkollaps«, bemerkt Matthew.
»Vielleicht ist hier ein Drogendealer unterwegs, der mehrere Gläser bestückt hat«, mutmaßt Emma.
»Irgendwie vermisse ich die Unbeschwertheit«, sagt Mia seufzend. »Wieso können wir nicht älter werden, ohne mit so einer Scheiße konfrontiert zu werden?«
Emma blickt sie nachdenklich an. »Das Leben ist kein Ponyhof, sagt meine Oma immer.«
»Ich wünschte, es wäre einer.«
»Du meinst, du erinnerst dich gerne an die Zeiten zurück, als Einhörner noch in bunten Regenbogenfarben durch die Lüfte flogen und Schokoladenträume wahr machten?«
Emma grinst.

Mia schneidet eine Grimasse. »Genau. Nur wenn heute in unserem Alter jemand fliegende Einhörner sieht, hat er Drogen genommen und halluziniert.«
»Mädels, was ist los? Warum blast ihr Trübsal? Kommt endlich tanzen!« Thomas zieht Mia mit einer Kraft auf die Tanzfläche, dass ihr fast schwindelig wird. Unermüdlich tanzt Thomas, bis das Licht angeht und eine Lautsprecherdurchsage die Teenies hinauswirft.

***

»Thomas, kannst du überhaupt fahren, nachdem du vorhin solche Herzprobleme hattest?«, fragt Mia ihren Freund besorgt.
Thomas gibt ihr einen Kuss. »Süße, ich kann alles. Das war bestimmt nur ein Schwächeanfall, weil es so stickig da drinnen war.«
Skeptisch setzt sich Mia einen Helm auf den Kopf. »Bist du sicher?«
Thomas hebt einen Arm und präsentiert seine Stärke. »Ich war nie sicherer.«
Plötzlich taucht ein Junge auf, der vorher auch in der Disco war. »Hey, ist das dein Bike?«
»Jo! 'Ne alte Schwalbe von meinem Dad«, antwortet Thomas.
»Sehr geiles Gerät.« Der Junge hält die Hand hoch und Thomas klatscht ein.
»Ich bin übrigens Max.«
»Hi Max, ich bin Thomas.«
»Man nennt mich auch spaßeshalber den ›*Zigarettenmax*‹«, sagt der Junge, den Mia alles andere als sympathisch findet.
»Geiler Name. Zigarettenthomas wäre doch auch cool, oder?« Thomas stupst Mia mit der Schulter an und bringt sie fast zu Fall, so viel Kraft hat er dabei aufgebracht.

»Nein, Zigarettenthomas ist nicht cool«, erwidert Mia pikiert. »Und jetzt müssen wir leider los. Ich muss pünktlich zuhause sein.«
Enttäuscht schaut Thomas sie an. »Aber die Nacht fängt doch erst an, Süße!« Er wackelt vielsagend mit den Augenbrauen.
Mia mustert ihn skeptisch.
»Komm schon! Ich komme noch mit zu dir und wir vergnügen uns noch ein wenig. Ich habe so ein megageiles Hochgefühl.« Thomas beugt sich vor und fügt kaum hörbar hinzu. »Und ich bin so was von scharf auf dich, Baby! Ich kann mich kaum bremsen.«
Mia verdreht die Augen, stimmt aber zu, dass Thomas noch mit zu ihr kommt.

***

»Boah, Wahnsinn! Mia, das war der beste Sex meines Lebens! Du bist unglaublich. Ich kann gar nicht fassen, was ich für ein Glückspilz bin. Wollen wir gleich noch einmal?«
Mia lässt ihren Kopf in die Kissen sinken. »Ich kann nicht mehr. Und ich bin müde. Es ist bereits zwei Uhr morgens. Bist du gar nicht müde? Du schläfst doch sonst fast im Sekundentempo danach ein!«
»Heute nicht. Ich bin topfit. Könnte noch Stunden so weitermachen. Wer braucht schon Schlaf, wenn man so eine schöne Freundin hat?«
Mia grinst. Doch dann tätschelt sie Thomas' Schulter. »Ich bin trotzdem müde, Schatz.«
Thomas legt sich neben Mia hin und streichelt ihr Haar, bis sie eingeschlafen ist. Dann erhebt er sich und zieht sich an. Er ist so aufgeputscht von dem tollen Abend, dass er noch etwas spazieren gehen will.

Leise schleicht er sich aus dem Haus und verbringt den Rest der Nacht damit, durch die Gegend zu streifen.

Schlaflosigkeit

Als Mia am nächsten Morgen aufwacht, ist ihr Bett leer. Verwundert sucht sie Thomas in ihrem Zimmer, aber nicht einmal seine Klamotten liegen mehr da.
Sie steigt aus dem Bett und läuft die Treppe hinunter.
»Guten Morgen, Mia!«, sagt Sophie gut gelaunt.
»Guten Morgen! Ist Thomas hier?«
Sophie blickt sich um. »Nein. Ich habe ihn noch nicht gesehen. Wollte er nicht bei uns übernachten?«
»Doch. Aber im Zimmer und im Bad ist er nicht und seine Kleidung ist auch verschwunden.«
»Vielleicht holt er Brötchen«, mutmaßt Mias Papa und reibt sich gierig über den Bauch.
Mia sucht im Flur nach Thomas' Schuhen, aber die sind auch weg.
»Ich ziehe mich eben an und laufe zu Thomas. Gestern Abend hatte er in der Disco schon so komische Herzprobleme. Vielleicht ging es ihm heute Nacht nicht gut.«
Ohne ein Wort abzuwarten, rennt Mia die Treppe hinauf und hört Sophie nur noch fragen: »Herzprobleme? Thomas? Der ist doch Sportler und topfit! Da werden doch wohl keine Drogen im Spiel sein?«
Nachdenklich zieht Mia sich an.
Drogen?
Thomas?
Hatte Emma vielleicht doch Recht?
Aber warum sollte Thomas das tun?
Eilig nimmt sie ihr Handy und schreibt Emma eine Nachricht.

›*Thomas hat sich heute Nacht aus dem Staub gemacht. Meinst du, er hat vielleicht doch was mit Drogen zu tun? Und wenn ja, warum und woher hat er die? Ich mache mir Sorgen! LG, Mia*👧🏻.

Seufzend legt sie das Handy beiseite, als auch schon eine Antwort kommt.

›*Moin, Schwester im Herzen! Ich befürchte auch, dass das gestern kein Schwächeanfall war. Wobei er und Matthew es momentan ja echt übertreiben mit dem Rauchen!* 😶 *Kuss, Emma*👧🏽‹

Mia schlüpft in ihre Hose und nimmt das Handy erneut zur Hand.

›*Sehen wir uns heute noch?* 👧🏻‹

Es kommt prompt eine Antwort.

›*Geht leider nicht. Wir sind auf den Geburtstag von Matthews Cousin eingeladen. Sorry!* 😘👧🏽‹

Enttäuscht steckt Mia das Smartphone in die Hosentasche. Seufzend verlässt sie ihr Zimmer und flitzt die Treppe hinunter.
»Dein Papa will Brötchen holen, Mia. Isst du mit?«, ruft Sophie aus der Küche.
Mia nimmt ihre Jacke vom Haken. »Keine Zeit. Danke!«
Sie verlässt das Haus und schnappt sich ihr Fahrrad.

Damit radelt sie einmal quer durchs Dorf und hält bei den Wietmüllers an.
Nach einmaligem Klingeln öffnet Thomas die Tür. Freudestrahlend fällt er Mia um den Hals. »Meine allerliebste, schönste Königin! Was machst du denn schon hier? Ist es nicht ein schöner Tag? Ich könnte Bäume ausreißen. Ich fühle mich so unglaublich gut. So gut habe ich mich noch nie gefühlt.« Er beugt sich vor und flüstert. »Dabei war ich die ganze Nacht spazieren, weil ich nicht schlafen konnte.« Grinsend zieht er Mia ins Haus.
»Guten Morgen, Mia!«, begrüßt Thomas' Vater die Freundin seines Sohnes.
»Guten Morgen, Hans!«
»Besuchst du unseren neuen Picasso?«
Mia zieht die Nase kraus. »Picasso?«
Hans Wietmüller zeigt auf Thomas. »Dein Freund hat seine Leidenschaft für Kunst entdeckt und malt wie ein Irrer Gemälde. Vielleicht hat er ja doch noch etwas Kunstverstand von seiner Mutter abgekriegt.«
Mia mustert ihren Freund, der mit Malen und Kunst noch nie etwas am Hut gehabt hat. »Du malst?«
»Ja, komm mit! Ich zeige es dir!« Thomas packt sie grob am Handgelenk und zieht sie unnachgiebig hinter sich her.
»Aua, Thomas! Du umklammerst mich ja wie ein Ertrinkender!«, beschwert sich Mia.
Thomas lockert seinen Griff etwas. »Sorry, Süße!« Er stößt die Tür vom Atelier seiner Mutter auf und deutet auf mehrere Bilder, die noch ganz nass glitzern.
»Die hast du gemalt?« Staunend geht Mia durch den Raum und bewundert die Werke. »Thomas! Die sind richtig gut!«
»Ja, ich weiß. Willst du mal sehen, wie ich die male?« Thomas wartet gar keine Antwort ab, sondern schnappt

sich einen Pinsel und legt los. Er nimmt einen Farbeimer und hackt auf der Leinwand herum, als wollte er dem Keilrahmen den Teufel austreiben. Bereits nach wenigen Minuten sinkt Thomas auf einen Stuhl und betrachtet sein Kunstwerk. »Geil! Ich bin voll krass. Ich sollte Geld damit verdienen. Dann habe ich gleich Kohle für Zippen.«
Mia verdreht die Augen. »Noch mehr Zigaretten?«
Thomas erhebt sich und umarmt Mia. »Ich bin schon wieder spitz! Möchte mal wissen, wo das herkommt. Aber letzte Nacht war so geil. Wir könnten in mein Zimmer verschwinden…«
Mia lächelt. Dann steht sie auf und zieht Thomas hinter sich her.

***

»Was ist denn plötzlich los mit dir, Thomas?« Fragend blickt Mia ihren Freund an, doch der zuckt nur mit den Schultern. Die letzten Tage war er so gut drauf gewesen. Und heute hängt er wie ein nasser Sack auf dem Sofa. »Mach nicht so ein Drama draus. Ich bin einfach nicht fit, okay?«
»Aber du warst doch die letzten Tage so topfit, dass du sogar deiner Mutter alle Leinwände weggemalt hast.«
Thomas hebt nur eine Schulter und starrt ausdruckslos auf den Couchtisch. »Ich bin halt heute nicht so gut drauf. Ich kann ja auch nicht jeden Tag Bäume ausreißen.«
»Wollen wir rausgehen? Emma und Matt haben gefragt, ob wir ein Eis essen gehen wollen.«
»Essen? Ich habe seit Tagen nichts gegessen. Ich brauche mehr als ein Eis.«
»Du hast seit Tagen nichts gegessen? Jetzt übertreibst du aber«, sagt Mia und schnauft verächtlich.

»Nee, im Ernst. Ich hatte keinen Hunger. Vielleicht hatte ich auch Magen-Darm.«

»Magen-Darm? Hat man da Appetitlosigkeit?« Mia rümpft die Nase.

Thomas zuckt erneut mit den Schultern. »KP[1]. Ist doch auch egal, oder?«

»Gehen wir dann raus?«

»Nee, kein Bock. Ich brauche was zu beißen.« Thomas wirft einen Stuhl im Esszimmer um und rennt hinaus.

Kopfschüttelnd folgt Mia ihm.

Thomas steht vor dem Kühlschrank und holt alles mögliche heraus. Er beißt in alles hinein und lässt es halb angebissen auf der Küchenarbeitsplatte liegen.

»Thomas, was ist denn in dich gefahren? Was machst du da?«, fragt Mia erstaunt.

Thomas schneidet eine Grimasse. »Schmeckt irgendwie alles nicht. Ist wohl alt und gammlig.«

»Nein. Das sieht ziemlich frisch aus.«

»Sieht es nicht. Schau nur, es ist alles vergammelt.«

Mia mustert die Lebensmittel. Brot, Butter, Eier, Gemüse kullern über den Tisch, aber nichts davon sieht verschimmelt aus.

»Das hat deine Mutter doch gerade erst eingekauft.«

»Dann hat sie eben Mist gekauft.« Wütend schlägt Thomas mit der Faust auf die Arbeitsplatte. »So ein Saftladen. Ich will was zu essen haben!«

»Gehen wir eine Pizza essen?«, lenkt Mia ein.

»Pizza? Sehe ich aus wie ein Fressschwein, das so einen Fraß isst? Komm mir bloß nicht mit solchen blöden Vorschlägen! Und wie siehst du überhaupt aus? Hast du heute

---

[1] KP = Kein Plan.

mal in den Spiegel geguckt? So gehe ich mit dir nirgendwohin! Du siehst aus wie meine tote Oma!«
»Thomas!« Mias Wangen werden knallrot. »Wieso bist du so wütend und so gemein zu mir?«
»Weil alles scheiße ist!«
Mia geht zu ihm und will seinen Arm streicheln. Doch kaum fasst sie ihn an, schlägt er sie weg. »Lass mich in Ruhe! Du nervst! Ewig gluckst du um mich herum.«
»Dann gehe ich jetzt wohl besser«, sagt Mia leise.
»Ja, geh doch! Und lass dich hier heute nicht mehr blicken, du dumme Kuh!«
Erschrocken hält Mia inne. Sie will erst noch etwas sagen, aber dann geht sie schweigend aus dem Haus.

Oma Kassys Nachhilfe

»Du glaubst mir nicht, wie blöd Thomas ist!« Atemlos hält sich Mia den Bauch.
»Bist du gerannt? Komm erst mal herein! Was ist denn passiert?«, fragt Emma.
Mia wischt sich ein paar Tränen aus den Augenwinkeln.
»Thomas ist total aggressiv. Seitdem wir in der Disco waren, ist mit ihm nicht mehr gut Kirschen essen. Ich erkenne ihn nicht wieder.«
»Thomas ist doch eigentlich die Ruhe in Person. Wieso ist er plötzlich so aggressiv?« Verwundert rubbelt sich Emma über die Nase.
Gemeinsam gehen sie ins Gewächshaus und mixen sich einen alkoholfreien Cocktail an Emmas Minibar. Anschließend machen sie es sich in Emmas Oase gemütlich.
Ächzend lässt sich Mia mit ihrem Getränk in den Hängekorb fallen. »Ich habe keine Ahnung. Seit drei Tagen hat er nicht geschlafen, nicht gegessen und wenn ich ihn darauf anspreche, fährt er mich an, ich soll ihn in Ruhe lassen. Es gehe ihm gut.«
Emma rümpft die Nase. »Das ist wirklich merkwürdig. Wenn du mich fragst, hat das mit dem Vorfall in der Disco zu tun. Erinnerst du dich, dass er nach dem Tanzen seine Cola getrunken hatte, die bestimmt eine halbe Stunde unbeaufsichtigt auf dem Tisch stand? Und plötzlich ist ihm das Herz fast aus dem T-Shirt gesprungen! Da muss es doch einen Zusammenhang geben!«
»Natürlich! Das war ja nicht zu übersehen. Es war schrecklich. Ich dachte, der fällt gleich tot um, so stark ist ihm das Herz im Brustkorb umhergehüpft.« Mia trinkt einen Schluck von ihrem Fruchtcocktail.
Nachdenklich hängen die beiden Freundinnen ihren Gedanken nach.

»Ich habe das übrigens gegoogelt«, sagt Emma nach einer ganzen Weile und unterbricht damit die Stille.
Mia blickt auf. »Was?«
»Symptome bei verschiedenen Drogen.«
»Und was hast du herausgefunden?«
»Nach etwa einer halben Stunde, in der wir Thomas das Herz quasi aus der Brust hätten herausnehmen können, weil es uns so entgegenschlug, ist er doch wie ein Irrer auf die Tanzfläche gestürmt und hat getanzt, als sei der Teufel hinter ihm her. Erinnerst du dich?«
Mia nickt.
»Du sagst, er hat danach drei Tage nicht geschlafen und gegessen. Richtig?«
Wieder nickt Mia.
»Ich gehe jede Wette ein, dass Thomas Crystal Meth im Glas hatte. Jemand muss es ihm da reingeworfen haben, denn ich glaube nicht, dass er das von sich aus genommen hat.«
»Was? Diese merkwürdige Droge aus Tschechien?« Schockiert blickt Mia ihre Freundin an.
Emma schluckt. »Die Symptome, die du eben beschrieben hast, passen perfekt auf die Nebenwirkungen, die diese Droge hervorruft.«
»›*Hervorrufen kann*‹, meinst du«, verbessert Mia ihre Freundin, doch Emma schüttelt den Kopf. »Nein, Süße! Die die Droge hervorruft. Niemand kann sich gegen diese Nebenwirkungen wehren. Das ist keine Wahl, die der Körper bei einem Grippevirus trifft, so nach dem Motto, nur die Schwachen leiden an Herzproblemen, Schlaf- und Appetitlosigkeit. Diese Nebenwirkungen treten BEI JEDEM Konsumenten auf. Ohne Ausnahme.«
Mia hat das Gefühl, ein Brechreiz kämpft sich langsam ihre Kehle hinauf. »Du meinst, Thomas ist drogenabhängig?«

»Abhängig sicherlich noch nicht. Aber in seinem Blut und in seinem Haar sind bestimmt noch Rückstände von der Droge.«
»Höre ich ›*Droge*‹?«, ertönt die Stimme von Emmas Großmutter.
»Oma! Du sollst dich doch nicht immer anschleichen?«
»Entschuldigt, Mädels, aber ich bin einfach so leicht wie eine Feder. Ich kann nicht trampeln. Aber ich werde es in Zukunft versuchen. Andererseits kriege ich so mit, über was für komische Themen ihr euch unterhaltet.« Oma Kassy nimmt im dritten Hängekorb Platz und mustert die Mädchen. »Teilt eure Sorgen mit mir! Vielleicht kann ich euch helfen.«
»Kennst du dich etwa mit Crystal Meth aus?«, fragt Mia erschrocken.
Oma Kassy räuspert sich. »Ja, aber früher hieß das Zeug anders.«
»Früher?«, platzen Mia und Emma heraus.
»Ich dachte, das ist eine neue Modeerscheinung aus Tschechien«, würgt Mia hervor.
Oma Kassy schüttelt traurig den Kopf. »Nein. Mein Mann hat diese Droge bereits im Zweiten Weltkrieg konsumiert.«
»Was? Opa hat Drogen genommen?«, fragt Emma entgeistert.
Oma Kassy nickt. »Er hatte keine Wahl, Schatz! Die Superdroge wurde bereits 1893 von dem japanischen Chemiker Nagayoshi Nagai entwickelt[2]. Es wurde an der Zusammensetzung geforscht, bis 1919 die Reinform entstand. Auch in Deutschland hat man ab 1934 an der Herstellung von dem sogenannten ›*Methamphetamin*[3]‹ geforscht.«

---

[2] www.dhs.de, Broschüre ›Metamphetamin‹

[3] Methamphetamin= synthetisch hergestellte Substanz

»So früh hatte man das Zeug schon entdeckt?« Mia ist schockiert.
Oma Kassy nickt. »Ja. Ob du es glaubst oder nicht, aber man konnte es in der Zeit von 1934 bis 1988 in der Apotheke als Medikament kaufen. Es war nicht wie heute eine Droge vom Schwarzmarkt.«
»War Opa denn krank, dass er das genommen hat?«, will Emma wissen.
Oma Kassy schüttelt den Kopf. »Nein. Wie du weißt, war Opa bei der Armee und dort war er Pilot. Im Zweiten Weltkrieg wurde das Mittel als sogenannte ›*Panzerschokolade*‹ bei den Soldaten eingesetzt. Es sollte helfen, kein Schmerz zu fühlen und Ängste gegen den Feind abzubauen. Außerdem steigerte es die Leistungsfähigkeit und verringerte das Hungergefühl. Es wird gemunkelt, dass die Flieger, auch die Engländer, die Bombenangriffe auf Deutschland ohne das Zeug nicht überstanden hätten, weil sie tagelang fliegen mussten, um das feindliche Territorium zu erreichen.«
Emma würgt. »Oma, ich glaube, mir wird schlecht.«
Oma Kassy springt auf und umarmt ihre Enkeltochter. »Entschuldigt, Mädels, wenn ich euch überfordert habe.«
»Das hast du nicht«, sagt Emma und wischt sich eine Träne aus den Augenwinkeln. »Ich bin bloß so schockiert, dass die Kriegsherren so grausam waren, so ein Teufelszeug an ihre Soldaten zu verteilen. Wussten die denn nicht, was das Zeug für Nebenwirkungen hat?«
»Doch, mein Schatz! Das war den obersten Befehlshabern durchaus bewusst. Aber die Soldaten waren im Krieg Kanonenfutter. Auf den einzelnen Menschen kam es nicht an. Man hatte ein großes Ziel! Sie wollten Land erobern und in einem Krieg haben noch nie einzelne Soldaten gezählt.«
»Ich habe Bilder im Internet gesehen, Oma. Die Menschen, die das über einen langen Zeitraum nehmen, sehen

gruselig aus. Wie Horrorfratzen. Das ganze Gesicht verschiebt sich«, schluchzt Emma.

Oma Kassy drückt ihr einen Kuss aufs Haar. »Ich weiß, Schatz! Das liegt zum Teil aber auch an den Streckmitteln, die man der Droge beimischt. Die Droge selbst hat zwar ihre ›*positiven Seiten*‹, weil sie Effekte im Körper eines Menschen hervorruft, die von der Leistungsgesellschaft so gewollt sind, aber die langfristigen Schädigungen sind enorm.«

»Was sind das für Schäden?«

»Diejenigen, die das Zeug durch die Nase einatmen, also schniefen, verlieren dadurch ihre Nasenscheidewand«, fängt Oma Kassy an zu erzählen.

Mia rümpft die Nase. »Igitt! Im Ernst?«

Oma Kassy nickt. »Ja. Sie verlieren als nächstes ihre Zähne, bekommen schlimme Hautentzündungen und Pickel, und es kann zu Hirnblutungen kommen. Durch die Überhitzung im Körper kommt es zu Nierenschäden. Und natürlich ist auch der Einfluss auf das Gehirn nicht zu unterschätzen.«

»Was heißt das genau?«, fragt Emma, obwohl sie das eigentlich gar nicht wissen will. Am liebsten würde sie sich die Ohren zuhalten und sich unter einer Decke verkriechen.

Wie können Menschen so grausam sein, so ein Zeug herzustellen und es dann auch noch Jugendlichen ins Getränk schütten, obwohl sie wissen, dass man davon abhängig wird und übelste Verletzungen bekommt?

»Es gibt viele Studien über die Droge, die beweisen, dass die Nervenzellen im Körper absterben. Es kommt zu Gedächtnis- und Konzentrationsstörungen. Das nennt man bei Jugendlichen auch ›*Demenz im Jugendalter*‹. Jugendliche, die Crystal Meth nehmen, behalten bleibende Schäden im Gehirn.«

Emma geht zu einem Papierkorb und erbricht.

Besorgt rennt Oma Kassy zu ihrer Enkeltochter. »Oh, entschuldige, Süße! Offenbar ist es mit der Aufklärung für euch noch zu früh.«
Emma richtet sich auf. »Alles gut, Oma. Mir ist das nur irgendwie auf den Magen geschlagen. Erzähle ruhig weiter!«
»Erholt sich das Gehirn nicht, wenn die Drogenabhängigen wieder aufhören, die Droge zu nehmen?«, fragt Mia leise.
Oma Kassy schüttelt den Kopf. »Nein. Im Erwachsenenalter ist die Wahrscheinlichkeit gegeben, aber nicht bei Jugendlichen. Menschen in eurem Alter sind in der Pubertät und das heißt, ihr Gehirn ist im Reifungsprozess. Die graue Substanz der Großhirnrinde entwickelt sich, wobei bisher gebildete Synapsen, also Lernvorgänge, wieder aufgelöst und neu gebildet werden. Zur gleichen Zeit kommt es zum Ausbau der Nervenfasern, damit das Gehirn so schnell arbeiten kann wie bei einem Erwachsenen. Nun ist es so, dass die Anzahl der ›Dopaminrezeptoren‹, die dafür zuständig sind, dass wir Glücksgefühle empfinden, bei Jugendlichen relativ klein ist. Zum Teil sind die Schädigungen durch chemische Drogen im jugendlichen Gehirn so stark, dass die Betroffenen in Pflegeheimen ein Leben lang gepflegt werden müssen.«
Emma lässt sich in ihren Hängekorb fallen. »Oma, das ist echt schlimm. Kennst du jemanden, der ein Pflegefall ist?«
»Ja. Der Enkelsohn von Martina, meiner Schulfreundin. Er hat das Zeug bereits mit 14 Jahren genommen und kam davon auch nicht mehr los. Vier Jahre später saß er dann im Rollstuhl. Er kann seinen Urin nicht mehr kontrollieren und kann durch den Magendurchbruch, den er erlitten hat, auch nur noch Schonkost zu sich nehmen. Es ist ein Wunder, dass er das überlebt hat«, berichtet Oma Kassy traurig.

Mia schüttelt den Kopf. »Das ist doch kein Leben mehr!«
»Nein. Ich möchte auch niemals so enden und ich bete jeden Tag inständig, dass keiner von euch in so eine Lage gerät«, gesteht Emmas Großmutter.
»Wieso nehmen Jugendliche freiwillig so eine Drogenscheiße?«, platzt Emma fassungslos heraus.
»Das ist mir auch ein Rätsel. Ich zerstöre doch nicht mein Leben und meinen Körper für ein bisschen Spaß, der viel zu schnell ernst wird«, stimmt Mia ihrer Freundin zu.
»Um Dinge als spannender zu erleben, brauchen Jugendliche stärkere Auslöser als Erwachsene«, erklärt Oma Kassy. »Wissenschaftler vermuten, dass das der Grund für eine gewisse Neigung zu Drogen und Alkohol ist, denn der Konsum von Rauschmitteln führt zur Ausschüttung von ›*Dopamin*[4]‹. Zudem sind Jugendliche extrem leichtsinnig, weil der ›*Präfrontale Cortex*[5]‹ im Gehirn, zuständig für die Fähigkeit, längerfristig zu planen, als letztes mit reift. Darum wägen Jugendliche ihre Taten und die daraus resultierenden Konsequenzen auch nicht ab.« Oma Kassy holt sich einen Saft aus der Minibar. »Aber es gibt noch andere Gründe, weshalb Jugendliche Drogen nehmen.«
»Welche?«
Oma Kassy schluckt den Saft herunter. »Jugendliche, die zu bestimmten Risikogruppen gehören, nehmen Drogen eher als andere.«
»Was sind das für Risikogruppen, Oma?«
»Nun, ungünstiges Erziehungsverhalten der Eltern zum Beispiel.«

---

[4] Dopamin = ein körpereigener Stoff zur Steigerung der Motivation, kann aber auch durch Medikamente zugefügt werden.

[5] Präfrontaler Cortex = Das sogenannte ›Stirnhirn‹ ist dafür da, dass ein Mensch vernünftig und kontrolliert ist.

»Was heißt das?« Emma runzelt die Stirn. »Wenn ich nicht auf meine Kinder aufpasse?«
Oma Kassy lächelt. »Häusliche Gewalt und Vernachlässigung sind beides Faktoren, die dazu führen können, dass sich Jugendliche einen Ausgleich suchen. Aber auch die Suchterkrankung der eigenen Eltern gehört dazu.«
Mia verschluckt sich an ihrem Getränk. »Es gibt Eltern, die Crystal Meth nehmen?« Ihr fallen fast die Augen aus dem Kopf.
Oma Kassy lächelt traurig. »Ja, leider. Mehr als du denkst. Es gibt zum Beispiel Leute, die in einer Fabrik in drei Schichten arbeiten müssen und ihre sich ständig wiederholende Arbeit und den Leistungsdruck nur durchhalten, wenn sie sich Crystal Meth in ihre Getränkeflaschen mixen. Es wird sogar gemunkelt, dass die Mitarbeiter bei der Automobilindustrie zu einem größeren Teil abhängig sind. Aber es wird auch jede Menge andere Firmen geben, die im Schichtdienst alles von ihren Mitarbeitern abverlangen.«
»Wissen das die Firmenchefs?«, fragt Emma schockiert.
»Das kann ich dir nicht sagen. Ich kann dir nur sagen, dass meine Schulfreundin Martina auf mehreren Fachtagungen zum Thema ›Crystal Meth‹ war und über ihre Erfahrungen mit ihrem Enkelsohn berichtet hat. Dort wurde ganz offen darüber gesprochen, dass Schichtarbeiter vermehrt zu den Konsumenten gehören«, antwortet Oma Kassy. »Es ist längst keine Partydroge mehr. Auch in der Ausbildung greifen junge Menschen zur Droge, um leistungsfähiger zu sein.«
»Ich finde, es ist die Pflicht von Arbeitgebern, ihre Mitarbeiter zu kontrollieren und notfalls die Bedingungen zu verbessern«, sagt Emma kämpferisch.
Oma Kassy schneidet eine Grimasse. »Es wäre wünschenswert, das stimmt. Aber wir leben in einer Leis-

tungsgesellschaft. Es kommt nicht auf den Menschen, sondern auf die Ergebnisse an.«

»Also, wenn ich mal eine Firma gründe«, sagt Emma mit Bestimmtheit, »dann werde ich darauf achten, dass es meinen Mitarbeitern gut geht. Niemand soll Drogen nehmen müssen, um für mich zu arbeiten.«

»Das ist sehr löblich von dir, mein Schatz! Ich werde dich daran erinnern, wenn es so weit ist«, sagt Oma Kassy.

»Das musst du nicht, Oma. Ich weiß, dass ich darauf achten werde. Menschen sind doch keine Maschinenteile, die man beliebig austauschen kann. Das sind Lebewesen«, widerspricht Emma.

Oma Kassy springt auf und umarmt ihre Enkeltochter. »Habe ich dir schon einmal gesagt, dass du das tollste Mädchen der ganzen Welt bist?«

»Täglich, Oma. Aber ich höre es immer wieder gerne«, feixt Emma und drückt ihrer Großmutter einen Kuss auf.

»Und warum nehmen Jugendliche das Zeug noch?«, will Mia wissen.

Oma Kassy geht zur besten Freundin ihrer Enkeltochter und drückt auch ihr einen Kuss aufs Haar. »Schlechte Schulleistungen sind oft ein Anlass. Die Schüler glauben, wenn sie Crystal Meth nehmen, sind ihre Leistungen besser. Das stimmt so natürlich nicht ganz. Denn ihre Synapsen werden ja zerstört und irgendwann geht im Kopf gar nichts mehr.«

»Dann bedeutet das, je früher ein Mensch diese Droge nimmt, umso schlimmer ist das für seine Entwicklung?«, hakt Emma nach.

Oma Kassy nickt seufzend. »Ja. Und das Schlimmste ist, dass viele Drogendealer den Kids versprechen, dass sie mit der Droge tagelang Party feiern können, stundenlangen Sex haben können und wenn sie abnehmen wollen, auch keinen Hunger mehr haben.«

»Man kann damit länger Sex haben?«, fragt Mia ungläubig.
Oma Kassy hebt die Schultern. »So sagt man das. Aber jemand, der unter Drogeneinfluss Sex hat, wird den Sex nie wieder ohne Drogen genießen können, weil er das Hochgefühl vermissen würde. Und dann meldet sich das Suchtgedächtnis im Gehirn und teilt dem Menschen mit ›*Hey, du willst geilen Sex, dann nimm gefälligst Drogen!*‹«
»Es gibt ein ›*Suchtgedächtnis*‹ im Gehirn?«, fragt Mia erstaunt.
»Mädels, was lernt ihr eigentlich in der Schule?«
»Nichts, was wir zum Leben brauchen«, murrt Mia.
Emma grunzt. »Richtig. Wir lernen nur so einen überflüssigen Quatsch. Wen interessieren schon die Städte in Afrika oder Asien? Wer will wissen, wie Heuschrecken atmen?«
»Oder wie ich irgendeine Unbekannte ausrechnen kann«, fügt Mia hinzu.
Oma Kassy verdreht die Augen. »Okay, Mädels, hier mal die Kurzfassung.« Sie räuspert sich. »Wenn jemand Drogen nimmt...«
»Egal, welche Drogen?«, unterbricht Emma ihre Großmutter.
»Egal, welche Drogen. Ob nun legale Drogen wie Alkohol oder Zigaretten oder illegale Drogen wie Cannabis oder Crystal Meth«, antwortet Oma Kassy. »Also, wenn jemand eine Droge zu sich nimmt, löst das zunächst ein wohliges Gefühl aus. In dem Lustzentrum, dem sogenannten ›*Nucleus accumbens*‹, sitzen Rezeptoren für den Botenstoff ›*Dopamin*‹, dem Glückshormon, welches daneben in dem ›*ventralen Tegmentum*‹ freigesetzt und in den ›*Nucleus accumbens*‹ gespült wird. Dieses Dopamin wird dann zum vorderen Bereich des Gehirns weitergeleitet.«

Oma Kassy nimmt ein Blatt Papier und kritzelt das Gehirn auf.
Gespannt folgen Emma und Mia den Kritzeleien und Erklärungen von Oma Kassy.
»Wenn wir nun also etwas Tolles erleben, wie zum Beispiel ein schöner Flirt in der Disco oder leckere Schokolade zum Tee bei einem coolen Film, lernt der Körper, dass diese positiven Gefühle mit dieser Situation oder halt diesem Genussmittel zu tun haben. Das Gehirn speichert diese Information ab und will bei nächster Gelegenheit wieder so ein schönes Gefühl erleben.«
»Und darum isst man dann Schokolade beim Fernsehgucken?«, fragt Mia verwundert. Sie liebt es, zuhause auf dem Sofa zu sitzen und Kartoffelchips oder Schokolade zum Fernsehen zu essen.
Oma Kassy nickt. »Exakt. Bei illegalen Drogen aber ist das Problem, dass eine Überzahl an Dopamin ausgeschüttet wird und das Erleben total krass ist.«
»So, als wenn man dreimal Achterbahn auf einmal fährt?«, überlegt Emma.
Oma Kassy lächelt. »So ungefähr. Die illegale Droge schüttet ganz viele Glückshormone aus und das fühlt sich bombastisch an. Aber gleichzeitig gewöhnt sich der Körper an die Menge der Droge und um mehr Glückshormone auszuschütten, muss die Dosis der Droge erhöht werden.«
»Und schwups, ist man abhängig«, bemerkt Emma trocken.
»Genau«, seufzt Oma Kassy. »Dieses natürliche Belohnungssystem vom Körper wird von der Droge beeinflusst. In dem ›*Präfrontralen Cortex*‹, das dafür sorgt, dass wir Dinge bewusst erleben, und in dem sogenannten ›*Amygdala*‹, dem Bereich im Gehirn, wo Informationen analysiert werden, um dann eine emotionale Reaktion zu erzeugen, finden nun Veränderungen statt. Das ›*Suchtge-*

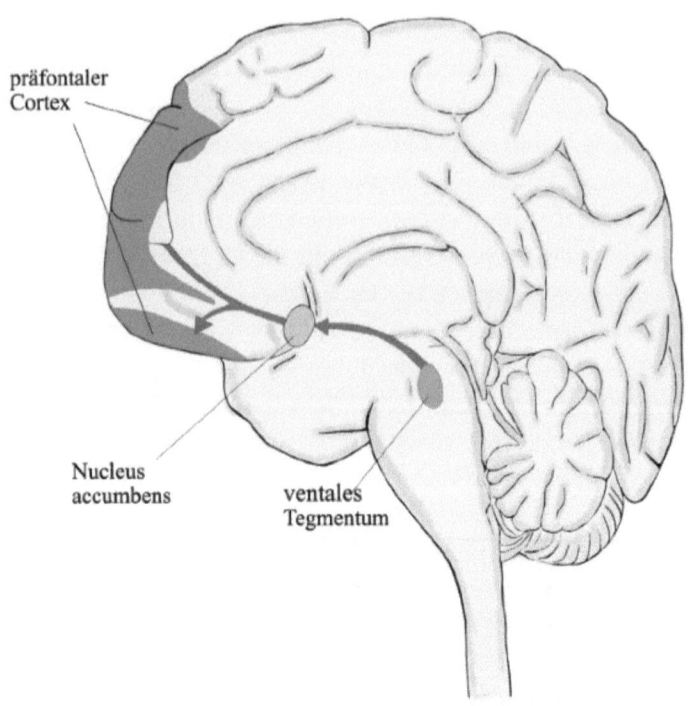

dächtnis‹ bildet sich aus. Wenn also jemand immer nach dem Essen eine Zigarette raucht, verlangt der Körper das nach jeder Mahlzeit, weil das Gehirn so schlau ist, dass diese Situation mit den ausgelösten Reizen verbunden wird. Es hat gelernt, dass es die Droge nach dem Essen gibt.«

»Das menschliche Gehirn ist wirklich krass«, stellt Emma fest.

»Dann sind Gefühle gar nicht bewusst, sondern werden durch irgendwelche Reize ausgelöst, weil sie unseren Körper auf eine Gefahr hinweisen oder zu einem Erfolg hin bewegen wollen?«, hakt Mia nach.

Oma Kassy lächelt. »Ihr zwei seid doch die schlauesten Mädchen, die ich kenne. Genau so ist es.«

»Woher weißt du das alles, Oma?«, fragt Emma ihre Großmutter.
»Ich habe ein ganz tolles Buch in Übergröße über das menschliche Gehirn, weil mich das interessiert hat. Da wird alles drin erklärt. Es sind sogar Fotos von Gehirnaufnahmen in bestimmten Situationen dargestellt«, entgegnet Oma Kassy.
»Wie heißt das Buch?«
»›Das Gehirn‹ von Rita Carter.«
»Dürfen wir da mal einen Blick reinwerfen?«
»Natürlich.« Oma Kassy springt auf. »Ich hole es. Und dann möchte ich gerne hören, über wen ihr gesprochen habt, als ich kam.«
»Thomas«, platzt Mia heraus.
Oma Kassy hält mitten in der Bewegung inne und dreht sich im Zeitlupentempo um. »Thomas nimmt Drogen?«
»Wir vermuten, dass er Drogen nimmt, Oma«, mischt sich Emma ein. »Er war ganz verändert, nachdem er sein Glas in der Disco am letzten Samstag ausgetrunken hat.«
»Ja, habt ihr denn nicht auf eure Gläser aufgepasst?«, fragt Oma Kassy entgeistert.
»Nur Thomas hat sein Glas unbeaufsichtigt stehen lassen«, erklärt Mia. »Aber er wusste doch nicht, dass da jemand auf die Idee kommen könnte, eine illegale Droge reinzutun. Es war eine Teenie-Disco!«
»Es wird wirklich höchste Zeit, dass ihr in der Schule mehr lernt als Mathematik und Physik«, schnauft Oma Kassy. »Man sollte sein Glas niemals unbeaufsichtigt lassen, weil es immer Idioten gibt, die das ausnutzen. Stellt euch nur vor, wie viele Männer es gibt, die ahnungslosen Mädchen K.O.-Tropfen ins Glas tun und sie dann auf dem Nachhauseweg überfallen.«
»K.O.-Tropfen? Wird man davon etwa bewusstlos?«, ruft Mia erschrocken.

»Ja. Und das nutzen diese Blödmänner dann aus«, antwortet Oma Kassy. »Das gab es schon zu meiner Zeit, als ich noch als junges Ding in die Disco ging.«
»Wir versprechen hoch und heilig, dass wir zukünftig immer auf unsere Getränke aufpassen«, verspricht Emma.
Mia nickt. »Ja. Und was machen wir jetzt mit Thomas?«
Oma Kassy lässt sich seufzend auf dem Barhocker nieder. »Rede mit ihm!«
»Und wenn er nicht will?« Mia ist den Tränen nahe.
Oma Kassy winkt Mia zu sich und umarmt sie. »Meine süße Mia, das Leben ist eine Aneinanderreihung von Entscheidungen. Wir treffen täglich Entscheidungen, die uns zu dem machen, was wir sind. Wir haben immer die Wahl, den einen oder den anderen Weg zu gehen. Und es sind nicht unsere Fehler, die uns im Wege stehen, sondern unsere Ängste. Wir haben jeden Tag eine neue Chance, das zu tun, was wir tun wollen und der einzige, der uns daran hindert, sind wir selbst. Wenn sich Thomas also entscheidet, die Drogen in sein Leben zu lassen, dann kannst du zwar versuchen, auf ihn einzuwirken, aber er alleine muss entscheiden, ob er diesen Weg gehen will.«
»Ich will aber keinen Freund haben, der chemische Drogen nimmt«, schluchzt Mia.
Oma Kassy streichelt ihr über die blonden Haare. »Das kann ich gut nachvollziehen. Dann ist es deine Entscheidung, einen anderen Weg einzuschlagen. Dein Leben besteht aus deinen Entscheidungen. Niemand sonst ist dafür verantwortlich, wo du langgehen willst.«
»Wenn uns nur Ängste im Weg stehen«, mischt sich Emma nachdenklich ein, »sollten wir versuchen, Thomas so viel Angst einzujagen, dass die Angst vor den gesundheitlichen Risiken der Droge so groß ist, dass er damit aufhört.«
Mia putzt sich die Nase. »Ein Versuch ist es wert, oder?«

Emma lächelt und umarmt Mia. »Genau. Leiten wir die Rettungsmission ›*Thomas*‹ ein.«

***

»Moin, Max!« Erfreut begrüßt Thomas Max, der vor der Schule herumlungert. »Was machst du denn hier?«
»Hab schulfrei«, murmelt Max.
Mia blickt ihn an und sieht, dass er nach links unten geguckt hat.
Der lügt doch, denkt sie sich und stöhnt innerlich.
Sie mag ihn nicht besonders.
Nicht, weil er auf die Hauptschule geht, sondern weil er eine unterschwellig aggressive Haltung hat.
»Die Party am Wochenende war krass, oder?«, schwärmt Thomas.
»Mega«, bestätigt Max. »Sollten wir dringend wiederholen.« Er zückt eine Zigarettenpackung und hält sie Thomas geöffnet hin. Dieser greift zu. »Geil, danke!«
»No prob!« Max grinst und zündet Thomas die Zigarette an. »Sollen ja Drogen im Umlauf gewesen sein«, bemerkt Max fast beiläufig.
»Echt? Die haben doch am Eingang jeden gefilzt.«
»Nope, haben sie nicht.« Max wühlt in seiner Hosentasche herum und holt ein kleines Tütchen mit weißem Kristallpulver heraus.
Erschrocken blickt sich Thomas um. »Alter, spinnst du? Wenn das jemand sieht!«
Max zuckt gelassen mit den Schultern und steckt das Zeug wieder weg.
»Was ist das?«, fragt Mia neugierig.
»Meth«, antwortet Max.
Mia runzelt die Stirn.
Sie ahnt sofort, wer Thomas das Zeug ins Glas getan haben könnte. Sollte sie ihm ihre Vermutung an den Kopf werfen oder lieber die Klappe halten?

Sie zögert so lange, dass der Augenblick vorbei ist, in dem sie etwas hätte sagen können, denn schon kommen die nächsten Schüler an.
»Hey Süße!«
Mia dreht sich um und wird von Emma begrüßt.
Thomas und Max entfernen sich vom Schultor, bevor Mia etwas mitkriegt.
»Alles in Ordnung? Du siehst aus, als sei dir ein Gespenst begegnet.« Besorgt umfasst Emma Mias Schultern.
Mia beugt sich vor und spricht leise: »Ich glaube, Max ist derjenige, der Thomas die Drogen ins Glas gekippt hat.«
»Waaas?« Mit großen Augen schaut Emma ihre Freundin an. »Das ist eine harte Anschuldigung! Nur weil Max auf der Hauptschule ist, macht ihn das nicht gleich zum Drogendealer.«
»Ich weiß. Aber er hat uns eben eine Tüte mit Meth gezeigt.«
»Ist der irre?« Stirnrunzelnd blickt Emma sie an, dann gleitet ihr Blick an Mia vorbei. »Bleib so stehen!«
»Was ist?«, fragt Mia alarmiert.
»Ich sehe gerade, wie Max Thomas ein kleines Tütchen reicht...«
»Was? Ich glaube, ich spinne!« Mia will sich empört umdrehen, doch Emma hält sie fest. »Warte noch!«
»Was machen sie jetzt?«
»Thomas zückt das Portemonnaie und gibt Max zwanzig Euro«, berichtet Emma.
Mia schlägt das Herz bis zum Hals.
Ganz offensichtlich hat Thomas bereits angebissen und ist dem Kick verfallen. Tränen schießen ihr in die Augen.
»Ich habe keinen Bock auf einen Typen, der sich chemisches Zeug ballert«, würgt sie hervor.
Emma tätschelt ihre Schulter. »Süße, das glaube ich dir. Habe ich auch nicht. Bis jetzt hat Matt die Finger davon

gelassen. Ich kann nur hoffen, dass Thomas ihn da nicht mit reinzieht.«
»Was machen wir jetzt?«
»Nix. Wenn wir die Polizei anrufen, bringen wir Thomas nur gegen uns auf. Und irgendeinen Lehrer einschalten, ist auch keine Lösung, weil die wiederum auch die Polizei rufen müssen. Das gibt alles nur Ärger.« Emma schnauft wütend.
»Aber wir müssen doch was tun!« Mia schluchzt leise, dann hat sie sich wieder im Griff.
»Wir überlegen uns einen Schlachtplan. Aber jetzt sollten wir erst einmal nur still beobachten.«
Mia schluckt den fetten Kloß in ihrem Hals hinunter.
Nichtstun ist überhaupt nicht ihr Ding.

Polizeilich bekannt

»Wo stecken die Jungs nur? Wir hatten doch ins Kino gehen wollen.« Maulend blickt Emma auf die Wanduhr.

»Meinst du, dass wir überhaupt Karten kriegen? Durch die Covid-19 Maßnahmen ist eh alles so kompliziert geworden«, sagt Mia.

Emma stöhnt leise. »Kompliziert? Das ist gar kein Ausdruck. Es ist eine Katastrophe. Die Baumschule war neun Wochen lang dicht. Mein Vater hat keine Ahnung vom Online-Verkauf. Fünftausend Euro hat es gekostet, unsere Baumschule mit einem Online-Shop auszustatten. Wir haben Wochen gebraucht, bis wir die Warenbestellungen alle erledigt hatten.«

»Na, dann habt ihr das Geld doch wieder rein, oder nicht?«, sagt Mia schulterzuckend. »Meine Stiefmom war mit uns neun Wochen lang zuhause und hat Online-Unterricht mit ihren Schülern gemacht. Weißt du, wie nervig es war, meine Schwester zu bespaßen, während Sophie stundenlang am Laptop saß? Keinen Mucks durften wir geben.«

»Nur gut, dass dein Vater im Homeoffice arbeiten konnte. Viele Eltern hatten nur Kurzarbeit und haben einen Bruchteil an Lohn bekommen«, sagt Emma, während sie ihr Handy herausholt und die Website vom Kino aufruft. »Und Amelies Mütter mussten ihren Kunsthandel schließen und sich überlegen, ob sie sich arbeitslos melden, weil sie keine Einnahmen mehr hatten. Online haben sie auch nichts verkaufen können.«

»Nee, wer kauft auch schon Bilder, wenn er nichts zu essen hat?« Mia blickt Emma über die Schulter.

»Ohne die Zuschüsse für Selbständige und Künstler hätten Celia und Sabine Sanders echt alt ausgesehen«, sagt Emma und klickt auf den Kinofilm.
»Es sind noch 8 freie Plätze in Kino 1. Wollen wir vier Karten kaufen?«
»Und wenn die Jungs nicht auftauchen?«
»Dann nehmen wir jetzt nur zwei Karten und gehen notfalls ohne die Jungs ins Kino«, schlägt Mia vor. »Und wenn wir sie doch noch finden, dann gucken wir, ob wir noch zwei Karten bekommen.«
»Okay, so machen wir das.«
»Was haben Amelies Mütter mit den Zuschüssen eigentlich gemacht?«, fragt Mia.
»Mein Dad meinte, die Zuschüsse waren nur für Geschäftskosten. Also für die Ladenmiete, und um Rechnungen zu bezahlen. Dieser Zuschuss wurde aber nicht für Lebenshaltungskosten gewährt. Darum hatten viele Selbständige nur die Wahl, sich arbeitslos zu melden.«
»Meinst du, es hat sich gelohnt, dass Schule, Kindergärten und Läden geschlossen wurden? Die ganze Welt steht doch seitdem Kopf.«
Emma bezahlt die Kinokarten mit dem PayPal-Zugang ihres Vaters.
»Darfst du PayPal benutzen?«
»Ja. Mein Dad hat mir extra ein Konto eingerichtet. PayPal darf man ja erst ab 18 haben, aber so spielt er monatlich Guthaben in Höhe meines Taschengeldes darauf und ich kann damit online bezahlen.«
»Das ist echt cool. Meine Eltern würden das nicht machen.«
Emma blickt Mia an. »Seit Corona kann man ja nicht einmal mehr richtig einkaufen gehen. Wir haben vieles online gekauft.«

»Was habt ihr zwei Süßen denn vor?«, platzt Oma Kassy dazwischen.
»Wir gehen ins Kino«, antwortet Emma.
»Ohne die Jungs? Gab es Stress? Ich dachte schon, ihr seid siamesische Zwillinge«, witzelt Oma Kassy.
Mia verdreht die Augen. »Schön wär's. Aber die Jungs machen sich in letzter Zeit etwas rar.«
»Wir gehen sie jetzt nochmal suchen. Wenn wir sie nicht finden, gehen wir alleine ins Kino«, sagt Emma.
»Na, dann viel Erfolg, ihr zwei!« Oma Kassy winkt ihnen nachdenklich nach.
Wenige Minuten später erreichen sie die Eisdiele, doch dort sind Thomas und Matt nicht.
»Ich habe auch nicht damit gerechnet, dass sie hier sind. Ich vermute, sie sind am Affenfelsen«, sagt Emma leicht außer Atem.
Die Mädels steigen wieder auf die Räder und radeln den Waldweg zum Affenfelsen entlang.
Zu ihrer großen Überraschung steht dort ein Streifenwagen. Zwei Polizisten sind gerade dabei, Thomas und Matt zu filzen.
Einer der Beamten zieht Thomas ein kleines Päckchen aus der Tasche. »Ach, was haben wir denn hier? Was sind das für Tabletten? Meth oder Ecstasy?«
»Das ist Eigenbedarf«, knurrt Thomas. »Das ist nicht verboten.«
»Kommt auf die Menge an, mein Freund. Das sind 10 Tabletten. Erlaubt sind maximal 3.«
»Vielleicht sind das Vitamintabletten. Oder Kopfschmerzmittel«, lügt Thomas.
Auch bei Matthew werden die Beamten fündig. »Sieht ganz nach Gras aus.«

»Das ist alles Eigenbedarf«, versucht Thomas seinen Freund und sich zu verteidigen.
Einer der Polizeibeamten holte eine Waage aus dem Auto.
»Sie wiegen das Zeug ab?«, fragt Thomas voller Entsetzen.
»Klar«, sagt der Beamte. »15 Gramm Cannabis. Das ist 'ne ordentliche Menge!«
»Berlins Justizsenator Dirk Behrendt meinte, das ist noch Eigenbedarf«, sagt Thomas siegessicher grinsend.
Der Polizist rümpft die Nase. »Sind wir in Berlin?«
»In Brandenburg«, stottert Matt.
Er fühlt sich nicht so selbstsicher wie Thomas.
»Deutschlandweit hat man sich auf eine Obergrenze von 6 Gramm geeinigt«, sagt der zweite Polizist. »Damit seid ihr nicht mehr im Besitz einer geringen Menge. Das wird dem hiesigen Staatsanwalt nicht gefallen. Er hat bereits angekündigt, dass er Drogendelikte scharf sanktionieren will. Vor allem bei Jugendlichen.«
Mia und Emma halten sich im Hintergrund.
Ihnen ist nicht wohl bei der Polizeikontrolle. Und so sicher wie Thomas fühlen sie sich nicht.
»Ah, da kommen ja unsere Freundinnen«, ruft Thomas zu ihrer Überraschung. »Wir haben euer Gras besorgt!«
Die Mädchen sind sprachlos.
Perplex drehen sich die Polizisten um. »Das ist euer Gras?«
Emma, die sich schneller fängt als Mia, schüttelt den Kopf. »Nein, ist es nicht. Thomas, spinnst du?«
Thomas grinst frech und zuckt mit den Schultern.
Während die Polizisten abgelenkt sind, wirft er schnell ein kleines Schlampermäppchen ins Gebüsch und hustet dabei, damit niemand den Aufprall hört.
Aber Emma ist nicht blöd. »Thomas…?«

Thomas ahnt, dass die Mädchen nun sauer sind, weil er sie mit reingezogen hat, und macht einen Rückzieher.
»Das war bloß ein Scherz! Die Mädels sind sauber. Haben leider keinen Bock auf Spaß.«
»Die Art von Spaß hat bei dir leider auch Folgen«, sagt der Polizist zu Thomas. »Du hast mehr als eine geringe Menge an Bord, mehr als Eigenbedarf. Und ich bin mir nicht sicher, ob es so klug ist, deine Freundin da mit reinzuziehen.«
»Das ist überhaupt nicht klug«, platzt Mia nun auch heraus. Wütend starrt sie Thomas an.
Wie kann er es wagen, sie vor der Polizei absichtlich falsch zu verdächtigen, nur um seine eigene Haut zu retten?
»Was passiert jetzt mit uns?«, fragt Matt mit hochroten Wangen.
»Nix. Mein Vater ist Anwalt«, sagt Thomas siegessicher.
Der eine Polizist lacht höhnisch. »Das hat noch niemandem geholfen. Ich bin sicher, unser Staatsanwalt hat ein paar Auflagen für euch, wenn er euch laufen lässt.«
»Wir sind Ersttäter«, sagt Thomas mit ernster Miene. »Da wird er uns noch mit 'nem blauen Auge davonkommen lassen. Außerdem spielt mein Vater mit unserem Staatsanwalt Golf.«
»Das habe ich jetzt nicht gehört, Bursche«, knurrt einer der Polizisten. Es ist ihm deutlich anzusehen, dass er von Thomas' Verhalten nicht allzu viel hält.
»Ich denke auch, du bist etwas zu siegessicher«, sagt sein Kollege. »Dass der Staatsanwalt Konsumenten laufen lässt, mag auf Leute zutreffen, die einmalig mit einer geringen Menge bis 6 Gramm Cannabis erwischt werden. Aber ihr habt mehr als den Eigenbedarf dabei. Und sollten wir herausfinden, dass ihr das Zeug in der Schule vertickt,

kommt ihr nicht einmal mehr mit zwei blauen Augen davon. Außerdem bleibt noch festzustellen, wie hoch der THC-Gehalt ist.«
»Genau«, stimmt ihm sein Kollege zu, »vielleicht besteht hier ja ein öffentliches Interesse an der Strafverfolgung, weil ihr andere mit dem Konsum zum Nachahmen animiert oder das Zeug sogar verkauft. Bei einer Fremdgefährdung fällt nämlich selbst euer Eigenbedarf flach.«
»Was ist denn ein THC-Gehalt?«, fragt Mia ihre Freundin leise.
Der Polizist wendet sich an die Mädchen. »Tetrahydrocannabinol, eine psychoaktive Substanz, die dafür sorgt, dass derjenige, der Cannabis isst oder raucht, berauscht wird. In Cannabisblüten ist meistens vier bis sechs Prozent THC enthalten, aber in dieser Tüte dürften keine Blüten drin sein.« Der Polizist hält die Tüte hoch. »Hanfpflanzen, die unter Kunstlicht gezüchtet werden, können sogar einen THC-Gehalt von zehn bis zwanzig Prozent aufweisen.«
»Das knallt dann so richtig«, wirft Thomas ein.
Mia zieht eine Augenbraue hoch. »Woher weißt du dann, wie viel von dem berauschendem Stoff in dem Kraut ist?«
Thomas zuckt mit den Schultern. »Du musst deinem Dealer vertrauen. Die wissen meistens, was sie verkaufen.«
»Was uns gleich zum Wesentlichen führt«, mischt sich der andere Polizist ein, »woher habt ihr Gras und Tabletten?«
»Ich sage nichts mehr ohne meinen Anwalt.« Thomas verschränkt die Arme.
»Ich finde, sie sollten das in Deutschland genauso machen wie in den Niederlanden«, sagt Matt leise.
Der größere Polizist hebt eine Augenbraue. »Ach, und wie?«

»In Holland sind harte und weiche Drogen zwar verboten, aber in den Coffeeshops darf man ab 18 trotzdem weiche Drogen wie Cannabis kaufen. Damit kann man kontrolliert ungepantschte Drogen kaufen und sorgt nicht noch dafür, dass Drogenkonsumenten bei der Beschaffung von Drogen mit Kriminellen in Kontakt kommen.«

»Was uns genau zu dem Punkt führt, junger Mann.« Der Polizist hält die Personalausweise der Jungs hoch. »Ihr seid gerade mal 15 Jahre alt und nicht 18. Ihr wisst wohl nicht, wie gefährlich Drogen sind, je früher das Einstiegsalter ist?«

Thomas schneidet eine Grimasse. »Gras und Dope ist total harmlos. Harmloser als Alkohol. Durch Alkohol sterben Gehirnzellen ab, durch Hasch nicht.«

»Das ist so leider nicht ganz richtig«, sagt der größere Polizist mit Sorgenfalte auf der Stirn.

»Mir ist das alles echt zu hoch«, platzt Mia dazwischen. »Was ist der Unterschied zwischen Dope und Gras? Und was will man bei dem Kraut pantschen?«

Thomas verdreht die Augen. »Ihr braucht echt mal Nachhilfe!«

»Ganz bestimmt nicht«, knurrt Emma. Sie wendet sich an Mia. »Lass mal eine echte Botanikerin ran. Aus dem Harz der Hanfpflanze wird Haschisch hergestellt, auch ›*Dope*‹ genannt. Aus getrockneten und zerkleinerten Cannabisblüten und -blättern wird Marihuana gemacht, auch ›*Gras*‹ genannt. So eine Pflanze hat etwa 60 Cannabinoide, darunter auch das THC. Aber nur die weiblichen Pflanzen haben genug THC, damit man davon berauscht wird. Schon vor 4000 Jahren haben die Chinesen Cannabis gegen Rheumaschmerzen eingesetzt. In Deutschland dürfen aber nur Arzneimittel mit den Inhaltsstoffen der

Pflanze auf Rezept verkauft werden, nicht jedoch die Pflanzen selbst.«
»Du züchtest wohl Hanfpflanzen?«, wird einer der Polizisten hellhörig.
Emma rümpft die Nase. »Sehe ich so aus? Niemals! Mein Vater hat die Baumschule hier im Ort. Der Anbau dieser Pflanzen ist allerdings verboten. Die Aufklärung darüber jedoch glücklicherweise nicht.«
»Wenn man sagt, dass Drogen ›gepantscht‹ sind, dann meint man damit, dass sie gestreckt wurden«, erklärt der größere Polizist ruhig. »Dabei gibt es verschiedene Mittel wie zum Beispiel Brix. Das ist eine Mischung aus Zucker, Hormonen und flüssigem Kunststoff. Das sprühen die Dealer vor dem Trocknen auf die Pflanzen. Aber wenn man genau hinschaut, erkennt man, dass die Blätter noch immer leicht nass aussehen. Außerdem brennt das Gras dann sehr schlecht. Davon kann man üble Bronchitis bekommen.«
»Aber es gibt auch Vogelsand«, mischt sich der andere Polizist ein.
Mia runzelt die Stirn. »Oh Gott.«
»Der Sand kann aber auch auf natürlichem Weg beim Ernten ins Gras kommen. Auf Dauer kann man davon Lungenentzündungen bekommen. Es gibt aber auch Leute, die das Gras mit Zucker, Talkum oder auch Haarspray strecken. Meistens riecht man das, wenn man sich 'ne Tüte anzündet. Schlimmer sind Glassplitter, weil man die nicht erkennt. Die können zum kompletten Lungenversagen führen.«
Mia wird blass. »Und das tut ihr euch freiwillig an?«
Thomas zuckt mit den Schultern. »Mir passiert so was doch nicht, Süße!« Er zieht ein Taschenmikroskop aus dem Rucksack.

Der Polizist schnauft. »Das denken alle. Aber spätestens wenn du mit 'ner Lungenentzündung flach liegst oder 'ne Psychose hast, weißt du, dass du unsauberes Zeug hattest.«

»Du untersuchst das Gras vorher mit einem Mikroskop?«, fragt Emma ungläubig.

»Klar. Oder sehe ich so aus, als würde ich durch irgendwelche Blei-, Glas- oder Phosphorverunreinigungen krepieren wollen?« Thomas verstaut das Mikroskop wieder.

»Und warum glauben Sie, ist Cannabis für Jugendliche gefährlich?«, wendet sich Mia an den Polizisten, der offenbar mehr Geduld hat bei der Aufklärung als sein Kollege.

»Nun, zunächst verstärkt das Rauschmittel die Stimmung der Konsumenten. Wenn du also schlecht drauf bist, bist du nach dem Rauchen oder essen von Gras noch schlechter drauf.« Der Polizist holt tief Luft. »Kiffer können sich schlechter konzentrieren, haben Schlafstörungen und werden immer gleichgültiger. Viele bleiben beim Kiffen nicht beim Gras, sondern trinken auch noch Alkohol dazu oder nehmen chemische Drogen, weil sie im Rausch so cool sind.«

Der kleinere Polizist dreht sich weg, während der größere Polizist mit sichtlichen Schwierigkeiten weiterspricht. »Gerade in der Pubertät lockt Gras natürlich, weil es Entspannung und gute Laune verspricht. Aber tatsächlich ist es ein Teufelszeug für euch Kids…«

»Sie kennen wohl viele Jugendliche, die kiffen?«, fragt Mia leise.

Der Polizist schluckt. »Mein Sohn hat gekifft.«

»Und so was Cooles hat er wieder aufgegeben?«, witzelt Thomas lachend.

»Er ist tot. Mit 16 hatte er unreines Gras. Er bekam Fieber und 'ne Lungenentzündung. Halluzinationen haben ihn schließlich dazu veranlasst, aus dem Fenster zu springen.« Geschockt schauen die Jugendlichen den Mann in Uniform an. Mit einem Mal wirkt er gar nicht mehr wie ein Feind, sondern wie ein Mensch, der großes Unglück erlitten hat.

»Bereits vorher, so mit 14, konnte er sich nichts mehr merken und seine schulischen Leistungen nahmen rapide ab. Unser Kinderarzt hat uns das so erklärt…«, er holt tief Luft und fährt fort, »beim Kiffen gelangt das THC über die Blutbahn ins Gehirn, wo es an den Cannabinoid-Rezeptoren andockt. Diese Rezeptoren sind jedoch nicht zum Kiffen da, sondern dienen als Schloss für den körpereigenen Schlüssel, auch ›Endocannabinoid‹ genannt. Dieses Schlüssel-Schloss-System ist zuständig für Hungergefühl, Fruchtbarkeit und auch für die Hirnentwicklung. Während also ein Kind zum Jugendlichen wird und in der Pubertät das Gehirn reift, werden Synapsen gelöst, neu verknüpft und Nervenzellen abgebaut. Diese Nervenzellen sind sozusagen unsere ›grauen Zellen‹. THC aber stört die Reifung der grauen Zellen, die Hirnrinde wird nachweislich dicker und der präfontale Cortex, der zuständig ist für unser Denken, wird gestört. Je früher also Jugendliche mit dem Kiffen anfangen, desto dünner wird auch deren präfontaler Cortex…«

»Dann können sich Kiffer weniger merken, egal wie alt sie sind?«, unterbricht Mia den netten Polizisten.

Dieser nickt. »Vor allem Jugendliche, die viel kiffen, haben ein Problem, denn ihre Hirnregionen sind weniger vernetzt und nehmen auch an Volumen ab. Es gibt Hinweise darauf, dass der Hippocampus, ein Teil im Gehirn, bei jungen Kiffern kleiner ist als bei Jugendlichen, die nicht kiffen.«

»Wofür ist dieser ›*Hippo-Dingsbums*‹ da?«, fragt Emma.

»Es sorgt dafür, dass Gelerntes ins Langzeitgedächtnis überführt wird. Und Jugendliche, die zu früh und zu viel kiffen, können sogar das Pech haben, dass sie gar kein Hippocampus mehr haben.«

»Dann können sie sich nichts Neues mehr merken?«, fragt Matt. »Nie wieder?«

Der Polizist nickt.

Matt kramt in seiner Jacke herum und überreicht dem Polizisten eine weitere Tüte Gras. »Ich glaube, ich habe genug gehört. Hier, nehmen Sie das! Auch wenn ich jetzt bestimmt ins Gefängnis komme.«

Der Polizist nimmt die Tüte Gras entgegen, die mindestens 20 Gramm enthält. Nachdenklich blickt er erst die Tüte und dann Matt an. »Ich habe diese Tüte hier nicht gesehen«, sagt er leise und steckt sie in seine Tasche.

»Kiffen Sie etwa selbst?«, fragt Thomas geschockt.

»Niemals!«, antwortet der Polizist durch zusammengepresste Lippen. »Ich entsorge das Zeug. Heimlich.« Er beobachtet seinen Kollegen, der am Streifenwagen steht und sich Notizen macht.

Leise sagt er: »In der Pubertät entwickelt sich auch die weiße Substanz im Gehirn. Hier werden die Nervenbahnen durch eine weiße Schicht namens ›*Myelin*‹ wie ein Stromkabel isoliert, damit Signale besser übertragen werden können. Aber Wissenschaftler haben herausgefunden, dass diese Myelinisierung bei kiffenden Jugendlichen weniger stark ausgeprägt ist[6].«

---

[6] Nachzulesen bei www.drugcom.de

»Dann sind Jugendliche, die Cannabis rauchen oder Haschkekse essen, dümmer?«, fragt Mia entsetzt.
»Sozusagen«, antwortet der Polizist. »Während der Durchschnittsmensch eine gemessene Intelligenz bei etwa 100 hat, haben Menschen, die schon früh mit dem Kiffen angefangen haben, etwa 8 IQ[7]-Punkte weniger und sind damit unterdurchschnittlich intelligent. Damit können sie auch schlechtere Bildungsabschlüsse und niedrigeres Einkommen haben[8].«
»Und das ist erwiesen?«, fragt Thomas skeptisch.
»Zumindest gehen viele Wissenschaftler nach etlichen Tierversuchen davon aus.«
»Tierversuche? Das ist abartig«, bemerkt Emma.
Der Polizist zuckt mit den Schultern. »Es ist denkbar schwieriger, solche Tests an Menschen zu machen. Aber es gibt wohl auch schon diverse Untersuchungen mit Leuten, die kiffen und sich hierfür freiwillig zur Verfügung gestellt haben.«
»Können wir dann weiterfahren?«, mischt sich der andere Polizist in das Gespräch ein. »Wir haben die Beweise sichergestellt und die Personalien festgehalten. Die zwei Vögel sind jetzt polizeibekannt. Wir haben noch andere Dinge zu tun.«
»Ja.« Der größere Polizist tippt sich an die Mütze. Auf dem Weg zum Auto dreht er sich noch einmal um. »Und kleiner Tipp am Rande: Wenn ihr das nächste Mal mit Drogen erwischt werden solltet, schweigt lieber, als dass ihr lügt. Keine Aussage zu machen, ist als Beschuldigter besser, als sich in Lügen zu verstricken.«

---

[7] IQ = Intelligenzquotient, Höhe der Intelligenz

[8] Nachzulesen bei www.drugcom.de

»Sie meinen, wir sollen nächstes Mal einen Rechtsanwalt hinzuziehen?«, fragt Thomas nachdenklich.
Der Polizist nickt. »Ja. In Deutschland müsst ihr euch als Beschuldigter niemals selbst belasten. Das gilt nicht nur vor Gericht, sondern auch schon bei dem Verhör bei der Polizei.«
»Danke für den Tipp«, sagt Matt kleinlaut.
Der Polizist nickt knapp und geht.
Mia wendet sich an Thomas. »Und du willst freiwillig dumm werden?«
Thomas lacht höhnisch. »Quatsch! Ich werde doch vom Kiffen nicht blöd. Ich bin überdurchschnittlich intelligent. Selbst wenn ich 8 IQ-Punkte verliere, macht mir das nix aus.«
»Was für eine blöde Einstellung. Wollen wir alleine ins Kino gehen, Emma?«
Emma blickt kurz zu Matt.
Dieser ist hin und hergerissen.
»Geht ihr mal ins Kino«, kichert Thomas. »Wir amüsieren uns hier noch ein bisschen.«

***

»Was ist denn mit dir los, Mia?«, fragt Sophie ein paar Tage später.
Mia sitzt schlecht gelaunt auf dem Sofa und guckt eine Serie auf Netflix an. »Nix.«
»Bist du immer noch mies drauf, weil du nur einmal pro Woche Schule hast?« Seufzend setzt sich Sophie aufs Sofa. »Für mich sind Lockdown und die neuen Hygienemaßnahmen auch nicht einfach. Aber ich habe als Lehrerin mehr Glück als andere. Unsere Existenz ist nicht in Gefahr wie bei vielen Selbständigen und Unternehmern.

Viele Menschen haben ihre Arbeit verloren oder mussten Insolvenz anmelden.«
»Insolvenz?«
»Ja. Sie sind pleite. Und wenn eine Firma kein Geld mehr hat, muss sie das dem Staat anzeigen, weil sonst der Chef der Firma ins Gefängnis kommen kann wegen Insolvenzverschleppung.«
»Ich weiß, was ›*pleite*‹ bedeutet.« Mia hält die Serie an. »Der Lockdown ist mir egal.«
»Ich wünschte, das könnte ich auch behaupten.« Sophie seufzt. »Na, los! Raus mit der Sprache!«
»Vor ein paar Tagen wollten wir mit Thomas und Matt ins Kino, aber die Jungs waren am Affenfelsen mit anderen Dingen beschäftigt.«
Alarmiert setzt sich Sophie aufrecht hin. »Das klingt ernst.«
Mia holt tief Luft. »Die Polizei war auch da.«
Wie ein Flitzebogen lauscht Sophie nun Mias Erzählungen. Schließlich zückt sie das Handy und ruft Mias Papa an. Nach einem kurzen Gespräch vereinbaren sie, dass sie sich bei Hans Wietmüller in der Kanzlei treffen.
Nur wenige Minuten später betritt Mia mit ihren Eltern die Kanzlei ihres Schwiegervaters in spe[9].
»Hallo! Na, was treibt euch denn zu mir? Hoffentlich kein Ärger? Auch wenn ihr den besten Anwalt der Region aufgesucht habt«, witzelt Hans, doch das Grinsen vergeht ihm schnell, als Mia ihm von dem Vorfall am Affenfelsen erzählt.
Wie eine Petze fühlt sie sich dabei.
Irgendwie hat sie Thomas nun verraten.

---

[9] in spe = zukünftig

Hans scheint ihre Gedanken zu erraten. Er tätschelt ihre Hand und ringt sich ein Lächeln ab. »Dich trifft keine Schuld, Mia. Ich bin dir, ehrlich gesagt, dankbar, dass du mir reinen Wein einschenkst. Ich habe Thomas schon seit einiger Zeit im Blick und finde, er benimmt sich höchst merkwürdig. Ich dachte erst, das hat mit dem Lockdown zu tun und damit, dass er wochenlang zuhause alleine abhängen musste…«
»Naja, ganz allein war er ja nicht, schließlich haben wir Thomas und Mia entgegen der staatlichen Anordnungen zueinander gelassen«, sagt Mias Papa leise.
Hans Wietmüller nickt.
Seufzend erhebt er sich und nimmt den Telefonhörer zur Hand. »Ich rufe eben den Staatsanwalt an.«
Neugierig versucht Mia, dem Gespräch zu folgen, doch Hans ist ein hervorragender Schauspieler. Weder aus seiner Mimik, noch aus den Gesprächsfetzen lässt sich irgendetwas ablesen.
Schließlich legt Hans den Telefonhörer auf.
»Kein Erfolg gehabt?«, fragt Tom.
Hans schüttelt den Kopf. »Thomas ist jetzt polizeilich bekannt. Daran ändert auch die Tatsache nichts, dass ich mit dem Staatsanwalt golfen gehe.«
»Was bedeutet das denn genau?«, fragt Sophie.
»Nun, bei Jugendlichen geht man davon aus, dass jeder im Laufe seiner Entwicklung beziehungsweise in der Pubertät straffällig wird. Das gehört zum Spiel- und Problemverhalten dazu, tritt durch die Abenteuerbereitschaft auf, vergeht aber mit dem Reifungsprozess auch wieder.«
»Ich möchte nicht kriminell werden«, platzt Mia heraus.
Hans lächelt. »Das möchte keiner. Aber Wissenschaftler und Ärzte wissen schon lange, dass sich das Gehirn in der

Pubertät in einer dramatischen Umstrukturierung befindet. Das äußert sich oftmals in rebellischem Verhalten.«
»Warum ist das so?«, will Mia wissen.
»Der Anstieg des Testosteronspiegels macht die Neuronenbahnen im Gehirn extrem formbar, so dass die Verbindungen schnell gelöst und neu verknüpft werden können. So lernen Teenager schnell, legen alte Gewohnheiten ab, probieren aber auch leichtfertig Neues aus und gehen hierbei hohe Risiken ein. Gerade der präfontale Cortex entwickelt sich hier vorne hinter der Stirn. Dieser Teil ist aber verantwortlich dafür, dass sich ein Mensch konzentrieren kann, dass Impulse kontrolliert werden und dass ein Mensch zielgerichtet handelt und plant. Aber wie bei allem im Leben, ist es natürlich schwer, richtig zu funktionieren, wenn es eine Baustelle gibt.«
»Darum sind Teenies unkonzentriert und machen dumme Sachen wie Drogen nehmen und klauen?«, fragt Mia.
Hans nickt. »Genau, Jugendliche sind sich dadurch nicht über die Folgen ihres Handelns bewusst und sind schneller bereit, Drogen zu nehmen oder Straftaten zu begehen.«
»Werden Jugendliche hart bestraft, wenn sie mit Drogen erwischt werden?«, fragt Mia.
Hans schüttelt den Kopf. »Das kommt ganz auf den Richter an. Meistens sind Jugendstrafrichter so intelligent, dass sie wissen, dass leider auch Drogen bei vielen Jugendlichen ein Thema sind. Nach dem Jugendstrafrecht hat der Richter immer auch die Reife des einzelnen Jugendlichen zu beachten. Dieser wird oft durch das Hinzuziehen von Sozialarbeitern und Psychologen gecheckt.«
»Ich finde es problematisch, dass die Drogenpolitik in Deutschland Süchtige zu Kriminellen macht«, wirft Tom Maibaum zum Erstaunen seiner Tochter ein.
»Warum? Wie meinst du das, Papa?«

»Nun«, Tom räuspert sich, »in Portugal zum Beispiel hat man die Drogenpolitik schon im Jahre 2001 komplett überarbeitet. Da sind Drogenabhängige keine Kriminellen, sondern Patienten. Die Regierung hat den Besitz von Drogen entkriminalisiert und Konsumenten werden nicht mehr inhaftiert, also ins Gefängnis gesteckt, wenn sie mehrfach mit Drogen erwischt werden.«

»Dann sollte ich wohl nach Portugal umziehen, was?«, wirft Thomas ein, der soeben den Raum betreten hat.

Hans verdreht die Augen. »Mir wäre es, ehrlich gesagt, lieber, du würdest die Finger von Drogen lassen.«

»Ich habe auch davon gelesen«, sagt Sophie. »Mit dem Geld, was sie für die Verfolgung von BTM-Delikten[10] sparen, finanziert Portugal Therapien für die Abhängigen.«

»Dann ist der Besitz von Drogen in Portugal erlaubt?«, fragt Mia ungläubig.

»Nein«, sagt Hans kopfschüttelnd, »das ist es nicht. Aber es ist nur noch eine Ordnungswidrigkeit wie beim Falschparken, so dass statt Freiheitsstrafen nur Geldstrafen und Therapien verordnet werden. Und Geldstrafen gibt es erst, wenn man den Abhängigen mehrfach mit Drogen erwischt hat, nicht gleich beim ersten Mal. Die Kommission ist bemüht, mit den Menschen zusammenzuarbeiten, damit die Drogenkonsumenten nicht abgeschreckt werden, schließlich will man ihnen ja helfen und sie von den Drogen weg kriegen, nicht tiefer in die Sucht hineintreiben.«

»Dann ist der Drogenbesitz in Portugal ja doch strafbar«, murrt Thomas.

»Nur bedingt, Thomas. Aber es fruchtet. Laut Regierung sind die HIV-Neuinfektionen zurückgegangen, sie haben

---

[10] BTM-Delikte = Straftaten im Zusammenhang mit Drogen (=Betäubungsmitteln)

85 Prozent weniger Drogentote und es konsumieren auch weniger Jugendliche Drogen[11].« Hans setzt sich auf seinen Schreibtisch. »In Portugal darf man bis zu zehn Tagesdosen besitzen. Wer mehr bei sich führt, wird als Dealer vor Gericht gestellt.« Hans hält genervt einen Brief hoch. »Gestern kam bereits die Einladung zum Verhör bei der Kripo, weil sie Thomas mit Drogen erwischt haben. Er ist Beschuldigter nach dem BtMG[12].«

»Und was machen sie mit den Drogenabhängigen, wenn sie mit Drogen erwischt werden?«, fragt Thomas.

»Sie nehmen die Drogen weg und schicken den Abhängigen zur ›*Kommission zur Vermeidung des Drogenmissbrauchs*‹.«

»Das klingt schon wieder so hochtrabend.« Thomas verdreht die Augen.

»Was ist das für eine Kommission?«, fragt Mias Papa.

»Sie besteht aus einem Juristen und zwei weiteren Mitgliedern. Das sind meistens Ärzte, Psychologen oder Sozialarbeiter. Die führen dann mit dem Abhängigen ein offenes Gespräch. Der Drogenkonsument muss erklären, warum er Drogen nimmt und gemeinsam versucht man, einen Weg aus der Abhängigkeit zu finden. Wenn der Abhängige das wünscht, wird er auch direkt in eine Therapieeinrichtung geschickt.«

»Im Ernst?«, fragt Sophie überrascht. »Das ist erstaunlich. Hier in Deutschland warten die Drogensüchtigen oftmals ein ganzes Jahr auf ihren Therapieplatz.«

---

[11] www.tagesschau.de

[12] BtMG = Betäubungsmittelgesetz. Das Bundesgesetz regelt den Umgang mit Betäubungsmitteln. Als ›*Bundesgesetz*‹ gilt es deutschlandweit und wird nicht, wie zB das Schulgesetz, in jedem Bundesland anders geregelt.

»Ich weiß«, bedauert Hans, »obwohl Deutschland so fortschrittlich ist, ist man hier nicht in der Lage, anders und besser mit Süchtigen umzugehen. Bei uns verschleudert die Wirtschaftsmacht lieber Geld für lange Strafverfahren und Gefängnisaufenthalte, statt für sinnvolle Therapien. Und wenn die Drogenkonsumenten hier endlich ihre stationäre Therapie beginnen können, werden sie mit anderen Drogenabhängigen, die oftmals schon längere Gefängnisaufenthalte hinter sich haben, zusammengesteckt, was zusätzlich dafür sorgen kann, dass man durch den schlechten Umgang in die Kriminalität rutscht.«

»Dann hat Portugal doch bestimmt auch eine gute Aufklärungsarbeit, oder?«, fragt Sophie, die das Thema als Lehrerin besonders interessiert.

»Ja«, sagt Hans, »Drogenaufklärung ist ein Bestandteil des Unterrichts an Schulen und die Polizei zeigt deutliche Präsenz vor Schulgebäuden, um Drogendealer abzuschrecken. Auf Festivals und bei Sportveranstaltungen werden junge Menschen gezielt auf die Gefahren des Drogenkonsums angesprochen. Familien, Berufstätige und auch Gefängnisinsassen bekommen spezielle Angebote als Präventionsmaßnahmen[13].«

»In den Niederlanden ist Gras doch auch erlaubt. Die haben sogar Coffeeshops«, sagt Thomas.

Hans lächelt müde. »Mein Sohn, auch dort ist der Drogenbesitz nicht erlaubt. Das denken nur viele, weil Cannabis in diesen Coffeeshops verkauft werden. Seit 2019 baut der Staat mit ausgewählten Züchtern Cannabis an, verkauft das Zeug in Coffeeshops an über 18-Jährige und

---

[13] Präventionsmaßnahmen sind Maßnahmen, die ›präventiv‹, also vorbeugend angeboten werden, damit die Leute gar nicht erst in die Drogensucht rutschen.

will damit versuchen, dem illegalen Handel, vor allem mit gestreckten Drogen, einen Riegel vorzusetzen.«

»Und wie sieht es in anderen europäischen Ländern aus?«, fragt Tom neugierig.

Hans seufzt. »Schweden ist gar kein gutes Beispiel. Hier setzt man auf Null-Toleranz-Politik. In Schweden darf die Polizei von jedem, deren Nase ihnen nicht passt, eine Urinprobe anordnen. Die Person muss nicht einmal mit Drogen oder im Rauschzustand erwischt worden sein. Es wird auch kaum zwischen harten und weichen Drogen unterschieden.«

»Das ist ätzend«, sagt Mia empört, »dann wird ja jeder gleich zum Kriminellen abgestempelt, der die Straße entlangläuft und mit Drogen nicht einmal etwas zu tun hat.«

»Richtig. Für ein so fortschrittliches Land wie Schweden ist das ein Armutszeugnis.«

»Was sind denn überhaupt ›harte‹ und ›weiche‹ Drogen?«, fragt Mia.

»Cannabis ist eine weiche Droge, chemische Drogen wie LSD, Heroin und Ecstasy sind harte Drogen«, erklärt Thomas fachmännisch.

Mia nickt.

»Wirkt sich die harte Politik in Schweden denn negativ aus?« Sophie lässt sich auf einem Stuhl nieder.

»Ja. Die Drogendelikte sind rapide nach oben geschnellt und die Zahl der Drogentoten ist im europäischen Vergleich steil nach oben gegangen. 2015 waren es auf eine Million Menschen ganze 100 Drogentote.[14] Das ist vier- bis fünfmal so viel wie im europäischen Durchschnitt.«

Hans bietet allen etwas zu trinken an und fährt fort: »Vie-

---

[14] https://www.emcdda.europa.eu/countries/drug-reports/2018/sweden_en

le Regierungen blicken mittlerweile interessiert nach Kanada.«

»Warum?«, fragt Mias Vater.

»In Kanada ist, nachdem Uruguay das vorgemacht hat, der Anbau, Besitz und Konsum von Cannabis legal. Volljährige dürfen Cannabis in jeglicher Form kaufen und bei sich haben, und das bis zu 150 Gramm.«

»Und das bringt was?« Tom Maibaum guckt skeptisch in die Runde.

Hans nickt. »Der Konsum von Cannabis ist tatsächlich gesunken. Erstaunlich, oder?«

»Vielleicht verliert eine Droge an Reiz, wenn man sie legal kaufen kann?«, wirft Sophie ein.

»Ich finde das trotzdem nicht gut«, sagt Mia. »Und ich feiere es überhaupt nicht, dass Thomas Drogen nimmt.«

»Ich bin auch nicht damit einverstanden, Mia.«

»Aber du wirkst so, als wenn dich das nicht juckt«, wirft Mia Thomas' Vater vor.

»Doch, es juckt mich. Darum suche ich auch nach Möglichkeiten, um meinen Sohn von den Drogen wegzukriegen.«

»Du willst mich in eine Anstalt stecken?«, ruft Thomas empört.

Hans verdreht die Augen. »Quatsch! Nun komm mal wieder runter! Ich suche nach einer Therapieform für dich.«

»Ich brauche keine Therapie. Ich bin doch kein Idiot. Ich kann sehr gut auf mich aufpassen.«

Hans und Mia gucken ihn skeptisch an.

Keiner der beiden glaubt ihm.

»Ob es dir nun passt oder nicht, wir werden uns deiner Drogensucht annehmen und nach einer Lösung suchen«, sagt Hans mit strenger Miene.

»Wenn du mich in eine Anstalt steckst, bist du für mich gestorben.« Damit verlässt Thomas den Raum und knallt die Tür geräuschvoll hinter sich zu.

***

»Thomas, du bist nicht alt genug, um dir irgendein Zeug reinzupfeifen!«, brüllt Hans seinen Sohn kurz darauf an.
Thomas zuckt nur kurz zusammen, dann spielt er den Gleichgültigen. »Gibt es dafür eine Altersbegrenzung? Das ist mein Körper. Es kann dir egal sein, was ich damit mache.«
Hans stutzt. »Das ist mir doch nicht egal. Du bist mein Sohn! Natürlich möchte ich, dass es dir gut geht und du eine gesicherte Zukunft vor dir hast. Du hast offenbar gar keine Ahnung, was du dir da reinzischst!«
»Doch, Papa, das weiß ich genau. Gras ist nicht schlimm. Hast du selbst schon geraucht.«
»Ja, aber ich war bereits Ende Zwanzig. Bei Erwachsenen ist THC ungefährlicher. Zumindest nimmt das Gehirn davon keinen Schaden«, verteidigt sich Thomas' Vater.
»Bist du sicher?«, fragt Thomas herausfordernd.
Mia schnappt nach Luft. »Thomas!«
»Geh auf dein Zimmer! Wir reden weiter, wenn du Vernunft angenommen hast.«
»Tschüss, Mia!«, knurrt Thomas seine Freundin an.
Mia stutzt. »Ich wäre noch mit hochgekommen…«
»Nein, danke! Du hast mich verpfiffen.« Damit lässt Thomas Mia stehen.

Versprochen - gebrochen

»Ich habe meinem Vater hoch und heilig versprechen müssen, dass ich das Zeug nicht mehr anrühre«, sagt Thomas leise zu Matt, aber nicht leise genug.
»Aber du hältst dich nicht daran, richtig?«, mischt sich Mia ein.
Thomas rollt mit den Augen. »Mia, nun entspann dich mal! Vielleicht solltest du auch mal eine Tüte rauchen!«
»Das ist nicht witzig.« Verärgert wendet sich Mia von ihm ab und geht auf ihren Platz.
Sie will sich gerade über ihren Freund auslassen, als Herr Knabe das Klassenzimmer betritt. Er ist in Begleitung eines fremden Mannes. »Guten Morgen! Setzen!«
»Herr Knabe, warum sitzen wir jetzt eigentlich in zwei ›U's‹?«, fragt Emma.
Herr Knabe legt seine Ledertasche auf das Pult. »Es ist erwiesen, dass sich Jugendliche schlechter konzentrieren können. Damit sie nicht so leicht abgelenkt werden und einen kürzeren Weg im Augenkontakt zum Lehrer haben, habe ich mich entschieden, der Empfehlung einer Kollegin zu folgen. Darum habt ihr eine andere Sitzordnung als das ›steife Hintereinandersitzen‹, wie man es aus den meisten Klassenzimmern kennt.«
Schlurfend gehen ein paar Schüler zu ihren Plätzen.
»Ihr sollt übrigens Abstand halten und nicht dicht an dicht miteinander quatschen. Wie ihr wisst, müsst ihr im Klassenzimmer keinen Mundschutz tragen. Das heißt aber noch lange nicht, dass ihr aufeinander hocken sollt«, ruft Herr Knabe.
Einige Schüler stöhnen genervt.

Auch Mia schmeckt das überhaupt nicht. Sie sieht es auch überhaupt nicht ein, Abstand von Emma oder Thomas zu halten.

Pikiert blickt Mia zu Emma, die im Abstand von 1,50 Meter von ihr entfernt sitzt und ihren Blick wissend erwidert.

»Ist es denn schlau, jemanden mitzubringen, wenn ein böser Virus grassiert?«, fordert Thomas den Lehrer heraus.

Herr Knabe stöhnt und verdreht die Augen. »Ach, Thomas! Wie du sehen kannst, trägt Herr Meierford einen Mundschutz. Außerdem hält er ab jetzt Abstand.« Herr Knabe lässt sich auf dem Pult nieder. »Das ist Herr Meierford von der mobilen Drogenberatung.«

Einige Schüler stöhnen leise.

»Herr Knabe, wir haben andere Sorgen als Aufklärung über irgendwelche doofen Drogen«, wirft Matt ein.

»Und die wären?«, fragt Herr Meierford mit einer extrem tiefen Stimme.

Erschrocken halten alle inne.

Auch Matt braucht ein paar Sekunden, bis er sich gesammelt hat. »Meine Mutter hat ihren Job verloren und mein Vater hat seit Wochen Kurzarbeit. Wir haben seit dem Lockdown kein Training mehr und nur einmal pro Woche Schule. Meine Eltern stressen zusätzlich herum, dass ich so viel Stoff verpasse…«

»Du brauchst Stoff?«, unterbricht Thomas ihn lachend.

Genervt verdreht Mia die Augen.

»Das führt uns direkt zum Thema…«, hakt Herr Meierford ein. »Ich finde Drogen geil. Nehme ich auch.«

Geschockt blicken die Schüler den Drogenberater an.

Man sieht ihnen deutlich an, dass sie ihn für durchgeknallt halten.

»Das geben Sie so offen zu?«, wagt sich Mia vor. »Das ist echt unglaublich. Sie sollten sich schämen!«

»Wieso?«

»Sie können sich doch nicht als Drogenberater da vorne hinstellen und sagen, ›*Drogen sind geil*‹!« Emma ist auch sichtlich empört.

»Doch. Ihr seht doch, dass ich das kann. Drogen sind durchaus positiv. Wenn ich Schnupfen habe und nicht mehr durch die Nase atmen kann, nehme ich Nasenspray. Ist 'ne Droge. Wenn ich Kopfschmerzen habe, nehme ich ne Ibu[15], ist auch 'ne Droge.«

»Das sind doch keine Drogen«, tönt Thomas. »Das sind Medikamente.«

Herr Meierford hebt die Augenbrauen. »Ach, und Medikamente sind keine Drogen?«

»Doch«, meldet sich Linda zu Wort, »aber legale.«

»Kennt ihr noch mehr legale Drogen?«

»Zigaretten.«

»Alkohol.«

»Was ist mit Kaffee, Tee oder Energiedrinks?«, hakt Herr Meierford nach.

»Quatsch, das sind doch keine Drogen«, lacht Hannes.

Herr Meierford lächelt. »Doch. Sie enthalten allesamt Koffein. Und sogar im Kakao ist Koffein enthalten.«

Perplex blicken die Schüler an die Tafel, wo Herr Knabe alle Begriffe aufschreibt.

»Was sind denn ›*illegale*‹ Drogen?«, fragt der Drogenberater.

»Gras, Dope, Koks, LSD, Heroin...«, fängt Thomas an aufzulisten.

---

[15] Ibu = Ibuprofen, Schmerzmittel

»Was glaubt ihr, ist die Einstiegsdroge für den Konsum von illegalen Drogen?«

»Hasch«, ruft Linda.

»Nee, Alkohol«, sagt Emma.

Herr Meierford zeigt mit dem Finger auf Emma. »Nicht ganz.«

»Ich dachte, es sind Zigaretten«, wirft Mia ein.

»Genau. Man sagt, dass die Zigarette der Einstieg in die Drogenwelt ist. In der Regel rauchen bereits 12-Jährige ihre erste Zigarette. Je niedriger der Sozialstatus, desto höher ist die Wahrscheinlichkeit, dass die Jugendlichen rauchen«, erklärt Herr Meierford. »Aber was ist denn eigentlich Sucht?«

»Wenn jemand unbedingt etwas braucht«, ruft Matt. »Computerspiele zum Beispiel.«

»Oder Glücksspiele«, ruft Michael.

»Zigaretten machen auch süchtig. Und andere Drogen«, sagt Mia und blickt zu Thomas.

»Das ist richtig. Warum ist es denn so leicht, süchtig zu werden?«

Nachdenklich blicken die Schüler an die Tafel.

»Sucht ist eine Störung des Belohnungssystems im Gehirn«, setzt Herr Meierford an.

»Eine Störung? Im Belohnungssystem? Das klingt komisch«, bemerkt Emma.

»Ja. Drogen führen im Gehirn zu einer Steigerung der Dopamin-Ausschüttung. Dopamin aktiviert das Belohnungssystem. Aber wozu ist das Belohnungssystem überhaupt da? Und was ist Dopamin?« Fragend blickt der Drogenberater in die Runde.

»Meine Eltern erziehen meine Schwester und mich mit einem Belohnungssystem«, sagt Mia zaghaft.

Herr Meierford zeigt auf Mia. »Warum?«

»Nun, sie sagen, der Mensch ist eher bereit, für Belohnungen zu arbeiten oder sich zu benehmen, als für Strafen«, antwortet sie.
Herr Meierford nickt. »Genau. Essen, Arbeiten oder auch die Fortpflanzung würden ohne das Belohnungssystem im Körper nicht funktionieren. Der Mensch würde faul und schlaff abhängen, und die Menschheit würde irgendwann aussterben.«
Emma meldet sich. »Dopamin ist ein Neurotransmitter. Er ist ein Botenstoff, der Erregung von einer Nervenzelle auf die andere überträgt.«
»Genau. Dopamin sorgt für Motivation, die unser Körper durch das Belohnungssystem hervorruft. Das hat aber auch ›Nebenwirkungen‹. Welche?«
Ratlos blicken die Schüler ihn an.
»Wir sind suchtanfälliger.«
»All die Tätigkeiten, zu denen übrigens auch Sport zählt«, sagt Herr Knabe, »aktivieren unser ›Lustzentrum‹ im Gehirn, den ›Nucleus accumbens‹.«
»Seit wann unterrichten Sie Bio, Herr Knabe?«, witzelt Hannes.
Herr Knabe lacht leise. »Es ist immer gut, zu wissen, wie der menschliche Körper funktioniert. Und unser Belohnungssystem ist sozusagen ein kleiner Knubbel mit ganz vielen Nervenzellen gleich hinter unserer Stirn im Vorderhirn.«
»Dann sind also die Schläge auf den Hinterkopf besser fürs Denkvermögen, und Schläge gegen die Stirn besser für die Motivation?«, kichert Michael.
Herr Knabe verdreht die Augen. »Sehr witzig, Michael! Schläge sind in keinem Fall gut.« Er nimmt ein Stückchen Kreide und kritzelt das Gehirn an die Tafel. »Hier sitzt das Vorderhirn und im Mittelhirn haben wir einen Bereich,

der quasi die Botenstoffe für den ›*accumbens*‹ ausschüttet. Diese kleinen Glückshormone flutschen dann durch die Zellen und docken im ›*accumbens*‹ an.«

»Und wenn ihr Sport treibt, Sex habt, von anderen angelächelt oder anderweitig belohnt werdet, empfindet ihr Freude. Davon will der Mensch mehr haben und er wiederholt Dinge, die ihm Freude bereiten«, erklärt Herr Meierford.

»Dasselbe könnt ihr übrigens auch bei Tieren beobachten. Wenn ihr einen Hund mit Leckerlies belohnt für bestimmte Tätigkeiten, merkt er sich, dass er zum Beispiel nur Pfötchen geben muss und einen Bonbon bekommt.«

»Dann haben auch Tiere so ein Belohnungssystem?«, fragt Mia neugierig.

»Ja«, sagt Herr Meierford, »auch Tiere brauchen dieses System, um zu überleben. Es gibt sogar Fadenwürmer, die so ein Belohnungssystem haben. Es ist ein Selbsterhaltungsmechanismus.« Er holt ein Bild hervor mit einem Rattenkäfig, in dem drei Hebel angebracht sind. »Dies ist ein Rattenexperiment, welches schon vor 50 Jahren gemacht worden ist. Ein Hebel löst die Injektion von Drogen wie Heroin und Kokain aus, der zweite Futter und der dritte nur die Gabe von Salzlösung. Innerhalb kürzester Zeit haben die Ratten nur noch auf den Drogenhebel gedrückt.«

»Das ist echt abartig«, sagt Emma angewidert. »Solche Experimente mit Ratten durchzuführen, ist krass.«

»Andererseits konnten die Wissenschaftler damals schon daran erkennen, dass auch der Mensch ganz schnell von solchen Drogen abhängig wird.« Er holt einen Beutel hervor und holt allerlei Dinge heraus. »Warum ist der frühe Einstieg so gefährlich?«, fragt er.

»Weil man sich erst noch entwickeln muss?«, sagt Mia unsicher.
»Das gehört sicher auch dazu. Aber es gibt noch einen Grund. Weiß den jemand?«
Niemand meldet sich.
»Je früher ein Mensch Drogen konsumiert, desto höher ist die Wahrscheinlichkeit, dass er abhängig wird«, erklärt Herr Meierford. »Wenn also ein 15-Jähriger Drogen nimmt, ist die Wahrscheinlichkeit zweieinhalb mal so groß, dass er abhängig wird. Auch wächst die Gefahr mit einem frühen Einstiegsalter, dass die Leute an Depressionen oder Borderline-Persönlichkeitsstörungen erkranken.«
»Borderline? Ist das nicht diese Macke, wo die Mädels sich die ganzen Arme und Beine aufritzen?«, sagt Hannes angewidert.
»Ja, das ist eine Erkrankung, bei denen sich die Betroffenen leer und gelangweilt fühlen und emotional sehr instabil sind. Heute sind sie dein bester Freund und morgen bist du bereits ihr ärgster Feind.«
»Linda ist Borderliner«, ruft Hannes.
»Bist du bekloppt? Das stimmt überhaupt nicht!«, empört sich Linda.
Hannes deutet auf ihre zerkratzten Arme. »Was ist das dann?«
»Das war meine Katze, du Vollhorst!«
»Ich kannte ein Mädel, die hat sich geritzt. Die hat ständig mit ihrem Typen Schluss gemacht, am nächsten Tag waren sie wieder zusammen. Das war echt nervig«, sagt Nils. »Ich hätte das Theater nicht mitgemacht.«
»Ja«, sagt Herr Meierford, »das ist für Angehörige und Freunde auch sehr anstrengend. Borderliner brauchen Hilfe. Aber das soll heute und hier kein Thema sein. Weiß jemand, was das hier ist?«

»Sie haben eine Bong mitgebracht?«, ruft Thomas teils schockiert, teils fasziniert.
»Ah, schön, dass du das Ding hier kennst!«
»Klar. Damit kann man Gras rauchen.«
»Unter anderem. Richtig. Um noch einmal auf unser Belohnungssystem zurückzukommen, werden Drogen häufig genutzt, um die Aktivierung von Freude und Glücksgefühlen abzukürzen. Das ist natürlich fatal. Weiß jemand, warum?«

Alle Schüler schweigen.
»Weil Drogen auf unterschiedliche Weise in die komplexen Vorgänge des Lustzentrums eingreifen«, sagt Herr Meierford schließlich. »Aber egal, welche Drogen der Mensch zu sich nimmt, im Endeffekt haben sie alle dieselbe Wirkung: Die Dopamin-Rezeptoren im Gehirn werden länger und stärker aktiviert und das heißt für das Gehirn, es gibt eine Belohnung. Viel Belohnung. Und weil Drogen unser Gehirn zehnfach so stark motivieren, haben sie so viel Anziehungskraft.«
»Aber Drogen haben doch auch Nebenwirkungen«, wirft Linda ein.
»Auf jeden Fall. Ich sage ja auch nicht, dass Drogen nur Positives bewirken. Sie sind absolut gefährlich und haben gesundheitsschädliche bis tödliche Nebenwirkungen.«
Er kramt in seinem Beutel. »Wisst ihr, was das ist?«
Er hält zwei Tütchen in die Höhe.
»Gras und Chemie«, sagt Thomas sofort.
Herr Meierford nickt. »Exakt. Aber weißt du auch, was da genau drin ist?«
»Nee, woher auch?« Thomas rümpft die Nase. »Bin ja nicht allwissend.«

»Und trotzdem würdest du beides nehmen und rauchen, schniefen, spritzen oder sonstwie einnehmen?«

»Klar, wenn es ballert.« Fast gleichgültig zuckt Thomas mit den Schultern und grinst.

Herr Meierford setzt sich auf das Pult und spielt nachdenklich mit den beiden Tütchen. »Ich finde das gefährlich. Erstaunlich, dass du das so easy nimmst.« Er wendet sich an die Klasse. »Wusstet ihr, dass es Dealer gibt, die auch Gras mit Putzmitteln, chemischen Drogen und K.O.-Tropfen einsprühen?«

»Warum?«, ruft Hannes.

»Damit es den besonderen Kick gibt«, ruft Michael.

»Das könnte man denken, aber glaubt mir, den Dealern sind die Konsumenten total egal. Kann sich jemand denken, wieso Cannabis, aber auch harte Drogen, gerne gestreckt werden?« Fragend blickt sich Herr Meierford um.

Emma meldet sich. »Ich schätze, das Gras wird schwerer, wenn man es besprüht oder Putzmittel oder Sand reinmischt. Dann können die Dealer mehr Masse verkaufen, obwohl sie weniger Gras beimischen. So verdienen sie mehr Geld, weil sie ja aus einem Kilo vielleicht zwei Kilo machen.«

»Genau das ist der Punkt. Sehr gut! Aber es werden auch chemisch hergestellte Drogen gestreckt. In Crystal Meth und Ecstasy wird auch gerne mal LSD, Toilettensteine und Rattengift beigemischt.«

»Die pantschen Drogen mit so einem Zeug, um mehr Kohle abzuschöpfen?«, fragt Michael pikiert. »Das sind ja Schweine!«

»Hast du gedacht, Dealer sind nett?«, platzt Mia ungläubig heraus.

Michael zuckt mit den Schultern. »Irgendwie schon.«

»Leider muss ich Mia Recht geben«, mischt sich Herr Knabe ein. »Dealer versprechen sich ja ein leichteres Leben und schnellere Kohle, wenn sie das Zeug verticken. Ist doch auch super bequem! Sie können ausschlafen, weil die meisten Junkies ihre Drogen nicht früh morgens kaufen und arbeiten gehen, müssen Dealer auch nicht…«
»Ich werde Dealer«, feixt Thomas.
»Das ist nicht witzig«, schnauft Mia.
»War auch nur ein Spaß.«
»Schöner Spaß«, knurrt Mia.
Sie wünschte, Thomas würde sich wieder normal benehmen, aber mittlerweile erkennt sie den Jungen, in den sie sich so unsterblich verliebt hat, kaum noch wieder.
»Und wenn Dealer ihre Ware mit billigem Mist strecken, können sie mehr Kohle machen«, beendet Herr Knabe seinen Satz.
»Was kann man denn tun, um sich seinen Kick anders zu holen?«, fragt Herr Meierford.
Die Jungs grinsen.
Herr Knabe verdreht die Augen. »Jungs, es war nicht die Rede von Sex.«
»Nein, auch wenn das damit möglich wäre. Ich rede davon, dass man sich Hobbys suchen sollte. Sport ist phantastisch, um Stress abzubauen, sich auszupowern und Gefühle zu regulieren. Seid kreativ und erschafft Kunstwerke. Macht etwas, was euch stolz und glücklich macht. Warum ist der schnelle Kick mit Drogen auf Dauer nicht die bessere Lösung?«
»Ist doch logisch«, wirft Matt fast schon gelangweilt ein, »je nachdem, welche Droge man nimmt, gewöhnt man sich relativ schnell an das Glücksgefühl. Der Körper verlangt immer mehr, weil er sich an den Pegel gewöhnt und

so muss man seine Dosis immer mehr steigern, um denselben Effekt zu haben.«

»Super erklärt«, lobt Herr Meierford. »Genau so ist das. Der Körper ist ein Wunderwerk und passt sich den Vorgängen im Körper schnell an. So nimmt die Drogenwirkung rasch ab. Um dieser Toleranz entgegenzuwirken, braucht der Konsument immer mehr Stoff.«

»Ich habe gehört, es gibt so was wie ein ›*Suchtgedächtnis*‹. Stimmt das?«, fragt Emma.

»Ja, das ist richtig. Egal, ob es sich um Zucker, Sport oder Drogen handelt, das Gehirn merkt sich genau, wozu was gut ist und gute oder schlechte Gefühle hervorruft. Man kann also von allen Aktivitäten oder Substanzen abhängig werden. Woran merkt man denn, dass man abhängig ist.«

»Das Verlangen ist so groß, dass man das Verlangen danach nicht kontrollieren kann«, mutmaßt Mia.

»Ja. Und warum ist es so schwer, von Drogen loszukommen?«

»Wegen des Suchtgedächtnisses, Mann«, sagt Thomas gelangweilt.

Erstaunt blicken ihn die anderen an.

»Ich sehe, ihr seid schon richtig gut aufgeklärt. Wie genau funktioniert das ›*Suchtgedächtnis*‹?«

Thomas räuspert sich. »Je intensiver die Erlebnisse, desto besser bleiben sie in Erinnerung.«

»Sehr gut. So ist es«, sagt Herr Meierford. »Jedes Lebewesen ist davon abhängig, dass seine Gattung ihn nicht verstößt. Um als Mensch zu überleben, weiß ein Kind also, wer seine Eltern sind. Es erinnert sich an die Eltern, auch wenn es einen Tag lang in der Kita oder eine Woche auf Klassenreise ist. Mit dieser Erinnerung ist ein Gefühl verknüpft. Wenn ein Drogenkonsument nun spürt, wie positiv der Effekt der Droge ist, will er dieses gute Gefühl noch einmal haben. Raucher haben diese Verknüpfung sehr stark. Sind sie es gewohnt, nach dem Essen zu rauchen, spüren sie nach jeder Mahlzeit den Drang, eine Zigarette zu rauchen. Das Suchtgedächtnis ruft die Erinnerung hervor und gaukelt dem Mensch vor, dass eine Zigarette nach dem Essen hervorragend für Körper und Seele ist.«

»Und wie kann man so ein Suchtgedächtnis überlisten?«, fragt Mia. »Für mich klingt das so, als wenn man so ein Suchtgedächtnis nie wieder los wird.«

Herr Meierford guckt traurig in die Runde. »Leider ist es tatsächlich so, dass man dieses Suchtgedächtnis auch nie wieder los wird. Ich kenne einige ehemalige Drogenkonsumenten, die regelmäßig davon berichten, dass sie ›*Suchtdruck*‹ haben. Das kann nach vielen, vielen Jahren weggehen, aber ich habe bisher noch nie gehört, dass ein ehemaliger Raucher oder anderweitiger Drogenkonsument keinen Suchtdruck mehr hat. Selbst nach 50 Jahren kann so etwas auftreten.«

»Und was machen die dann dagegen?«, fragt Matt.

»Aushalten.«

Thomas rutscht nervös auf seinem Stuhl herum.

»Meditationen sind gut, um das Gehirn umzuprogrammieren...«, konkretisiert Herr Meierford.

»Dazu kommen wir später noch einmal«, wirft Herr Knabe ein.

Herr Meierford nickt. »Man kann sich auch durch Sport ablenken, laut Musik hören, etwas kochen oder sein Zimmer putzen.«

»Und was macht man, wenn man auf einer Party ist und Suchtdruck hat?«, fragt Matt.

»Dann verlässt man die Situation und atmet draußen tief durch. Man sagt sich selbst ›*Stopp*‹ und stellt sich ein

Stoppschild vor. Eventuell muss man sogar anfangs ganz auf Partys verzichten.«
»Das hilft?«
»Vielen hilft es.« Herr Meierford holt ein paar Broschüren heraus. »Vor allem sollte man sich immer fragen, warum man den Suchtdruck hat. Was tut euch gerade nicht gut, dass man das Gefühl hat, Drogen nehmen zu müssen? Hast du genug gegessen und getrunken? Hast du Ärger? Sorgen? Liebeskummer?«
»Wie lange hält so ein Suchtdruck an?«, fragt Matt, der eine Broschüre entgegennimmt.
»Das ist unterschiedlich. Viele berichten von einigen Minuten, andere von Stunden. Aber es geht immer vorbei. Immer.«
»Hat noch jemand Fragen?«, fragt Herr Knabe mit Blick auf die Uhr.
»Dann bedanke ich mich bei Ihnen, Herr Meierford, dass Sie sich trotz der schwierigen Umstände in Zeiten wie diesen die Zeit genommen haben, uns der Drogenproblematik etwas näher zu bringen«, sagt Herr Knabe.
»Gerne, das ist mein Job. Und wenn ihr Fragen habt, könnt ihr mich jederzeit anrufen. Auf der Broschüre ist meine Telefonnummer, auch Notfalltelefonnummern von verschiedenen Institutionen.«
»Na, die brauchen wir hoffentlich nie«, wispert Emma Mia zu, die mit rollenden Augen ein Stoßgebet zum Himmel schickt.

***

»Hast du das auch gerade gesehen oder haben mir meine Sinne einen Streich gespielt?«, wendet sich Emma an Mia.

»Nein, ich glaube, wir haben dasselbe gesehen. Thomas und Max haben 'ne Flasche Schnaps geklaut.«
Die Mädels folgen den Jungs und holen sie schließlich kurz vor dem Waldweg ein.
»Hey, wartet mal!«, ruft Emma.
Thomas und Max drehen sich fast schon genervt um.
»Hi, Sweetheart!«
Mia rümpft die Nase.
So hat Thomas sie noch nie genannt.
»Hi!«
»Ihr habt Alkohol geklaut«, wirft Emma ihnen prompt vor.
Max zuckt mit den Schultern. »Wollt ihr 'n Schluck abhaben?«
»Nö.«
»Wirst du jetzt auch noch kriminell?«, fragt Mia genervt.
Thomas lächelt. »Süße, so ein Quatsch! Das war doch nur eine Flasche. Wir sind keine 18. Die Verkäuferin lässt sich von jedem den Ausweis zeigen. Glaubst du, die gibt mir den Alk so mit?«
»Du müsstest ihn gar nicht erst trinken«, wirft Mia Thomas vor.
»Stimmt. Macht aber fun.«
»Komm, lass uns weitergehen, Tommy!«, drängelt Max.
»Tommy?« Mia rümpft die Nase.
Thomas zuckt mit den Schultern. »Klar. Macht's gut, Mädels.«
Mit offenen Mündern schauen die Mädels den beiden nach. Schließlich erwacht Mia aus ihrer Schockstarre.
»Hey, Tommy?«
Thomas dreht sich grinsend um. »Ja, Babe?«
»Aber du hast keine Drogen dabei, oder?«

»Nee. Und wenn ich welche hätte, würde die Polizei dieses Mal nix finden.«

»Die kommen uns nicht mehr auf die Spur«, freut sich Max.

»Wieso?«, will Emma wissen.

»Weil wir eine anonyme WhatsApp-Gruppe haben. Damit können wir uns hervorragend absprechen und keiner kann unsere Tätigkeiten verfolgen«, sagt Max. »So, und nun entschuldigt uns bitte! Wir haben zu tun.«

»Wie bitte?« Mia ist entsetzt, dass die Jungs sie wegschicken.

»Macht euch vom Acker!«, konkretisiert Max.

»Das ist ein freies Land«, pfeift Emma ihn an. »Wir können hingehen, wo wir wollen.«

Thomas geht auf sie zu. »Ich habe nachher Zeit für dich, Mia. Wollen wir heute Abend ins Kino gehen?«

Skeptisch blickt Mia ihren Freund an. »Was hast du denn jetzt vor? Dich mit Alkohol volllaufen lassen? Wie willst du dann nachher mit mir ins Kino gehen? Besoffen?«

»Das lass mal meine Sorge sein, Süße!« Thomas grinst. »Ich kann einiges vertragen.«

»Du weißt schon, dass Alkohol Zellgift ist, oder?« Emma verschränkt die Arme.

»Quatsch! Heroin ist viel gefährlicher. Und von dem Zeug lasse ich die Finger«, verteidigt sich Thomas und angelt eine E-Zigarette aus der Hosentasche. Mit einem schnellen Zug atmet er den Rauch ein und wieder aus.

»Seit wann hast du 'ne E-Zigarette?«, fragt Mia erstaunt.

»Hat Max mir besorgt. Ist gesünder als normaler Tabak.«

Emma zieht die Augenbrauen hoch. »Wer sagt das? Auch Mr Max Oberschlau?«

Max schneidet eine Grimasse. »Leg dich nicht mit mir an, Alte, ja? Ich hatte heute schon Stress mit meinem Alten.«

Emma bleibt ruhig. »Ich kann Karate und habe den schwarzen Gürtel. Ich glaube kaum, dass du gegen mich eine Chance hast.«
Max lacht. »Duuu hast den schwarzen Gürtel?«
»Fordere mich lieber nicht heraus, du Wurm!«
Max vergeht das Lachen. Mit einem schnellen Sprung ist er bei Emma und versucht, ihr an den Haaren zu ziehen. Doch Emma ist schneller. Mit einem gekonnten Griff liegt Max keuchend auf dem Waldboden. »Sei froh, dass es bei Karate keine erste Hand gibt und ich so besonnen bin, dass ich dir nicht gleich alle Knochen breche.«
Max rappelt sich ächzend auf. »Du spinnst! Sieh bloß zu, dass du verschwindest!«
»Keine Sorge, wir gehen! Du bist eh nicht unsere Kragenweite. Und bevor ich mit dir Zeit verbringe, wische ich lieber alten Leuten den Hintern ab«, kontert Emma. Sie wendet sich an Thomas. »Und im Übrigen hast du zwar keinen Tabak in der E-Zigarette, aber Nikotin, also ein Nervengift, und Propylenglykol, eine Alkoholverbindung, die deine Bronchien entzündet. Langfristig gesehen züchtest du dir mit dem Rauchen von Liquids Herz-Kreislauf-Erkrankungen ran.«
»Danke für die Info«, knurrt Thomas und zieht absichtlich lange an seiner E-Zigarette, was bei Emma nur für ein Rollen der Augen sorgt. »Du bist so erwachsen, Thomas.«
»Wusstet ihr, dass Deutschland im letzten Jahr über 30 Milliarden Euro Kosten für Behandlungen und Medikamente und über 66 Milliarden Euro Kosten für Krankschreibungen bei Rauchern hatte[16]?«, wirft Mia ein. »Dabei hat der Staat nur 14 Milliarden Euro durch die Tabaksteuer eingenommen.«

---

[16] www.dhs.de

»Das ist doch gut. Wenn wir auf die E-Zigarette umsteigen, leisten wir einen Beitrag zur Gesundheit von allen.« Max grinst voller Überzeugung in die Runde.
»Warum?«, fragt Mia.
»Weil wir die Rate der Passivraucher senken. Mit dem Dampf der Liquids belasten wir euch nicht mehr. Damit könnt ihr gesund aufwachsen. Cool, oder?«, wirft Thomas ein.
»Nee, das ist trotzdem uncool«, widerspricht Emma.
»Nee, wir sind cool, was man von dir nicht behaupten kann«, widerspricht Thomas. »Du bist total langweilig.«
»Langweilig? Weil du rauchst, Alkohol trinkst und Drogen nimmst, glaubst du, du bist hipp?« Emma spuckt auf den Boden. »Du bist dumm, mein Lieber! Und Mia tut mir echt leid, dass sie so einen Idioten zum Freund hat. Sie täte gut daran, dir den Laufpass zu geben, so wie du dich verhältst.«
»Stachele sie nicht gegen mich auf, sonst mache ich dich fertig«, droht Thomas.
»Raucher sind doch nicht dumm«, sagt Max erstaunt.
»Noch nie irgendeine Statistik angeguckt?«, fragt Emma mit hochgezogenen Augenbrauen.
Es ist ihr deutlich anzusehen, dass sie nicht viel von Max hält.
»Nö, wozu auch?«
»Dann wüsstest du, dass Leute eher rauchen, wenn sie weniger intelligent, ungebildeter und ärmer sind, als wenn sie gut gebildet und reich sind.«
»Es gibt auch dumme Reiche«, widerspricht Max.
Emma schneidet eine Grimasse. »In deinem Traum, oder wo?«
»Guckt euch einige YouTuber an! Die haben nix in der Birne, nur künstliche Möpse und verdienen eine Schwei-

nekohle mit Müll«, verteidigt Thomas seinen neuen Freund.
»Genau«, sagt Max und verschränkt die Arme.
»Es ist trotzdem erwiesen, dass Leute in einfachen Berufen oder als Sozialhilfeempfänger mehr rauchen. Akademiker rauchen weniger.«
»Was sind Akademiker?«, fragt Max.
»Leute, die studiert haben«, erklärt Mia genervt.
»Und jetzt weißt du auch, warum du rauchst, Max! Du weißt mit 15 noch nicht einmal, was Akademiker sind.«
»Du bist dumm«, ruft Max empört und will auf Emma losgehen.
Mia schiebt Emma weg. »Das ist sie gar nicht. Wir gehen lieber.« Sie wendet sich von den Jungs ab und zieht Emma hinter sich her, die sich mit Max anlegen will.
»Dann geht doch«, ruft Thomas ihnen nach.

Legalisierung

Mia schlürft an ihrer Schorle, als Oma Kassy Emmas Oase in der Baumschule betritt. »Hallo Mädels! Ich sehe, ihr habt es euch gemütlich gemacht.«
»Das war dringend erforderlich, Oma«, seufzt Emma. »Willst du auch einen Cocktail?«
»Mit Alkohol?«, fragt Oma Kassy überrascht.
»Nee, Oma! Du weißt doch, dass Alkohol in diesem Haus verboten ist. Und Papa hat deutlich gemacht, dass er kein Zellgift im ganzen Rosenstein-Areal wünscht«, erwidert Emma.
»Das ist auch richtig so«, ertönt die Stimme von Emil Rosenstein. »Na, Mädels? Habt ihr Langeweile?«
»Oh bitte, Papa, gib uns keine Arbeit. Wir müssen einen Schlachtplan ausarbeiten«, stöhnt Emma.
»Schlachtplan? Das kann man am besten, wenn man körperlich schwer arbeitet, weil dann der Geist so richtig ins Fließen kommt«, sagt Emmas Vater.
Emma verdreht die Augen. »Es ist wirklich wichtig, Papa. Wir haben Probleme mit den Jungs.«
Emil Rosenstein, der soeben weiterlaufen wollte, bleibt stehen und zieht sich einen Barhocker heran. »Probleme? Ich bin ganz Ohr.«
Emma und Mia tauschen Blicke aus, das bemerken auch die Erwachsenen.
»Nun schießt schon los«, drängt Oma Kassy. »Ich bin zu alt, um als neugierige Eule zu sterben, die keine Infos kriegt.«
»Oma, so schnell stirbst du nicht«, sagt Emma entschieden.

»Davon gehe ich aus. Ich will trotzdem wissen, wo der Schuh drückt.«

»Thomas hat angefangen zu rauchen, zu trinken und zu kiffen«, fasst Mia kurz zusammen.

»Uff!«, sagt Emmas Vater. »Das haut mich jetzt um!«

»Wieso?«, sagt Oma Kassy. »Er ist im richtigen Alter, um auch Mist auszuprobieren. Das ist normal, Emil. Jugendliche sind leichtsinnig und ganz easy für den schnellen Kick zu haben.«

»Ich weiß.« Emil Rosenstein fährt sich über den Kopf. »Ich habe nur nicht in meinem Umfeld damit gerechnet. Meistens sind Gymnasiasten etwas weniger leichtfertig.«

»Heutzutage nicht mehr«, wirft Oma Kassy ein. »Alkohol spielt immer eine Rolle. Zigaretten leider auch.«

»Ich weiß nicht, warum alle Alkohol und Zigaretten so verharmlosen. 2019 hat der Deutsche im Durchschnitt 99,7 Liter Bier getrunken, 20,9 Liter Wein und 10,6 Liter reinen Alkohol in Form von Schnaps, Whisky und Rum. Man schätzt die Kosten für alkoholbedingte Krankheiten auf 40 Milliarden Euro pro Jahr[17]. Von anderen Schäden wie Unfällen und Gewalttaten unter Alkoholeinfluss rede ich noch nicht einmal.«

»Sind Sie deshalb so gegen Alkohol?«, fragt Mia.

Emmas Vater nickt. »Ja. Meine Mutter ist an den Folgen der Alkoholabhängigkeit gestorben. Sie hatte eine kaputte Leber und Brustkrebs.«

»Brustkrebs kommt von Alkohol?«, fragt Emma erschrocken.

»Alkohol kann man nicht risikofrei konsumieren«, setzt Emmas Vater zur Erklärung an. »Jedes Organ hat gegenüber Alkohol ein spezifisches Risiko, wenn man täglich

---

[17] www.dhs.de, Deutsche Hauptstelle für Suchtfragen, Jahrbuch Sucht 2019

Alkohol trinkt. Und das empfindlichste Organ ist die weibliche Brust. Bereits bei geringen Mengen unter zehn Gramm reinen Alkohol täglich erhöht sich das Brustkrebsrisiko[18]. Und bei meiner Mutter hat das voll zugeschlagen.«
»Das tut mir leid, Herr Rosenstein«, sagt Mia betroffen.
Emmas Vater nickt. »Danke, Mia!« Er geht zu seiner Tochter und riecht an ihrem Glas. »Bin ich froh, dass du nur Fruchtschorle trinkst.«
»Und das musst du überprüfen, indem du daran schnupperst? Vertraust du mir nicht?« Emma ist beleidigt.
»Dir schon, aber nicht deiner Großbaustelle im Gehirn namens Pubertät. Die sorgt für so manches Chaos. Und wenn ich sehe, wie viele Jugendliche hier im Ort Alkohol trinken und Zigaretten rauchen, wird mir ganz schlecht. Ich möchte gar nicht wissen, wie viele Drogen da noch zusätzlich im Spiel sind.«
»Viele«, sagt Emma. »Aber damit haben Mia und ich nichts zu tun. Wir brauchen keinen Rausch, um Spaß zu haben.«
»Das ist sehr beruhigend. Zumal Frauen schneller alkoholisiert sind als Männer«, wirft Emmas Vater ein.
»Wieso eigentlich?«, fragt Mia überrascht.
»Nun, Männer haben ein durchschnittliches Körperwasser von 65 Prozent, Frauen nur 51 Prozent und viel mehr Körperfett[19]. Dadurch verteilt sich der Alkohol im Körper eines Mannes besser als bei Frauen. Darum vertragen Frauen weniger und sind schneller betrunken«, antwortet

---

[18] www.dhs.de, Broschüre ›Alkoholabhängigkeit‹, Suchtmedizinische Reihe, Band 1, Seite 15, der DHS, Deutsche Hauptstelle für Suchtfragen e.V.

[19] www.dhs.de, Broschüre ›Alkoholabhängigkeit‹, Suchtmedizinische Reihe, Band 1, Seite 27, der DHS, Deutsche Hauptstelle für Suchtfragen e.V.

Emil Rosenstein. »So, die Arbeit ruft. Bis später, Mädels!«

»Ciao, Papa«, ruft Emma ihrem Vater hinterher.

»Und du, Oma, was hast du jetzt vor?«

»Wollt ihr mich loswerden?«, kontert Oma Kassy fast ein wenig eingeschnappt.

»Niemals! Setz dich, wenn du dich an unserem Gespräch beteiligen willst.«

»Ich habe eigentlich noch zu tun. Die Tomatenpflanzen warten auf mich. Andererseits will ich meine zwei Lieblingsschnecken auch nicht mit ihren Problemen alleine lassen. Wie kann ich euch helfen?« Oma Kassy nimmt sich etwas Apfelsaft.

»Thomas und Matt leben ihre Pubertät mit Alkohol, E-Zigaretten und Drogen aus. Uns hat Thomas vorhin erst weggeschickt, weil er mit Max zum Affenfelsen wollte, um geklauten Schnaps zu trinken«, berichtet Emma.

»Ja, die Jungs sind besonders risikobereit, was das anbelangt. Und nun überlegt ihr, wie ihr sie davon wegkriegen könnt?«

Die Freundinnen nicken.

Oma Kassy seufzt. »Das ist wirklich verzwickt. Thomas und Matt haben ein intaktes Elternhaus, welches auch nicht durch Gewalt geprägt ist. Bei Max habe ich andere Sachen gehört. Der soll mächtige Probleme mit seinem Stiefvater haben.«

»Und das ist eine Entschuldigung für sein dummes Verhalten?«, fragt Mia naserümpfend.

Oma Kassy zuckt mit den Schultern. »Nun, Thomas und Matt machen es, um Spaß zu haben und den Kick zu kriegen. Max konsumiert vermutlich eher, weil er die Probleme im Elternhaus vergessen will. Dadurch ist er natürlich gefährdeter, was die Abhängigkeit von Drogen angeht.«

»Dann ist Gewalt zuhause ein Grund, warum Jugendliche eher Drogen nehmen?«, fragt Mia.
»Das kann ein Grund sein, ja. Zumindest ist bei den Kids die Gefahr größer, dass sie längerfristig Drogen nehmen und nicht nur, um Spaß zu haben.«
»Dann wäre es für Thomas also leichter, von den Drogen wegzukommen?«
»Ja, das würde ich meinen. Aber natürlich ist das immer vom Einzelnen abhängig. Er muss es ja auch wollen, und momentan hört sich das für mich so an, als wenn er es ziemlich geil findet, wenn er Alkohol trinkt oder Drogen nimmt«, sagt Oma Kassy.
Mia nickt. »Leider.« Sie erhebt sich vom Hängesessel und stellt ihr Glas auf den Tisch. »Ich werde jetzt mal aufbrechen. Ich habe zuhause Küchendienst.«
»Oh, die Pflichten rufen?«, feixt Oma Kassy.
Mia zuckt mit den Schultern. »Ja. Seit dem Corona-Chaos ist alles anders. Weil ich nur einmal die Woche Schule habe, muss ich gleich dreimal die Woche den Küchendienst übernehmen, weil ich ja jetzt Zeit habe.«
»Was nicht ganz stimmt«, wirft Emma ein. »Wir haben ja trotzdem viele Schulaufgaben, die wir zuhause machen sollen.«
Mia schneidet eine Grimasse. »Ja. Aber das zählt nicht. Für meine Eltern ist das Freizeit.« Sie hebt eine Hand und umarmt Emma fix. »Wir sehen uns morgen?«
Emma seufzt. »Ja.«
»Ciao!«
»Mach's gut!«

***

»Mir verpasst niemand Hausarrest!« Wütend dreht sich Thomas um und stürmt an Mia vorbei, ohne sie auch nur zu bemerken.

Verdutzt bleibt Mia im Vorgarten stehen und schaut ihrem Freund nach.

»Thomas, nun warte!«, ruft Thomas' Vater.

Aber Thomas hebt nur eine Hand und eilt weiter.

Hans Wietmüller steht in der Haustür und stöhnt. »Mann, das ist ein besonders schwerer Fall. Ich habe keine Ahnung, was ich noch machen soll.«

»Hallo Hans!«

Thomas' Vater hebt schwach lächelnd eine Hand.

»Mia, hallo! Du hast Thomas gerade verpasst«, sagt Thomas' Mutter.

»Ich weiß. Er ist gerade an mir vorbei gestürmt, ohne mich überhaupt zu bemerken«, erwidert Mia kopfschüttelnd.

»Der Junge entgleitet uns«, sagt Hans zu seiner Frau.

»Wir müssen uns Hilfe holen, Hans. Thomas braucht eine Therapie.«

»Aber was soll die bringen, wenn er von den Drogen gar nicht loskommen will?« Voller Verzweiflung fährt sich Hans durch das schüttere Haar.

»Wir müssen mit der Polizei und dem Bürgermeister ins Gespräch gehen. Wir brauchen Hilfe, indem die Drogen hier im Ort nicht mehr so leicht zu kriegen sind«, schlägt Thomas' Mutter vor.

Hans Wietmüller guckt seine Frau entgeistert an. »Du meinst, die hören auf uns? Wir sind eine einzige Familie. Die werden darauf pfeifen, dass wir den illegalen Drogenverkauf stoppen wollen.«

»Aber wenn Thomas nicht mehr so leicht an die Drogen herankommt, gibt er vielleicht auf«, mutmaßt Thomas' Mutter.

Mia räuspert sich. »Ihr könntet ja auch sein Taschengeld streichen.«

Hans Wietmüller blickt auf. »Das könnten wir tun. Aber damit würden wir das Problem nur verlagern. Thomas würde vielleicht noch in die Beschaffungskriminalität rutschen und anfangen, zu klauen und mit geklauter Ware zu dealen, um an Geld für neue Drogen zu kommen.«

»Wenn er das nicht längst schon tut«, sagt Thomas' Mutter.

Erschrocken blicken Mia und Hans sie an.

Thomas soll kriminell sein?

»Du meinst, er finanziert sich seine Drogen bereits jetzt mit Diebstählen und dem Verticken von geklauten Sachen?«, fragt Hans Wietmüller entsetzt.

»Das ist zumindest möglich. Ich weiß ja nicht, wie viel und wie oft Thomas Alkohol und Drogen zu sich nimmt, aber in letzter Zeit ist er sehr verändert. Total aggressiv.«

Mia seufzt.

»Ich rufe gleich in der Drogenberatungsstelle an und hole uns einen Termin. Ich bin sicher, dort hilft man uns weiter.«

Mia hebt eine Hand zum Gruß. »Ich gehe dann mal nach Hause. Wenn Thomas wieder auftaucht, meldet ihr euch dann bei mir?«

»Natürlich, Mia. Schön, dass du hier warst. Sorry, dass Thomas momentan so außer Kontrolle ist.«

»Da könnt ihr ja nix dafür. Max ist schuld. Der verleitet ihn zu all dem Zeug.«

Hans Wietmüller horcht auf. »Max? Welcher Max? Kennst du seinen Nachnamen?«

»Ich glaube, er heißt Max Heinrich und geht in die 9. Klasse der Oberschule.«
»Danke!« Hans nickt Mia zu und geht dann mit seiner Frau zurück ins Haus.

***

Als Mia eineinhalb Tage später auf dem Sofa lümmelt und ihre Lieblingsserie auf Netflix anschaut, klingelt es an der Haustür. Genervt über die Störung geht sie hin und öffnet.
»Hans! Was machst du denn hier?«
Plötzlich fällt Mia ein, dass sich Thomas' Eltern eigentlich hatten melden wollen. Sie blickt auf ihre Uhr. Hat sie die Serie etwa das ganze Wochenende durchgesuchtet?
»Ich bin noch immer auf der Suche nach Thomas. Ich bin durchs ganze Dorf gefahren, habe alle Plätze im Wald abgesucht, aber ich kann Thomas nirgends finden«, antwortet Hans Wietmüller.
»Thomas ist gestern nicht mehr zuhause aufgekreuzt?« Mia stöhnt. »Dann ist er bestimmt bei Max.«
»Das kann sein, aber ich weiß leider nicht, wo Max wohnt. Wie du weißt, bin ich Anwalt und kein Polizist. Ich kann nicht einfach so in die Meldedaten der Einwohner schauen.«
Grübelnd legt Mia einen Finger auf die Lippen. »Ich weiß leider auch nicht, wo Max wohnt. Aber vielleicht weiß Matthew mehr. Ich rufe Emma an.«
Mia nimmt ihr Handy.
»Hi, Em! Weißt du vielleicht, wo dieser Zigarettenmax wohnt? Thomas ist seit gestern verschwunden. Hans ist hier und macht sich übelste Sorgen.«
»Nee, kein Plan. Aber Matt weiß es vielleicht. Warte kurz!« Emma hält Rücksprache mit ihrem Freund und gibt Mia die Adresse durch.

Fünf Minuten später erreicht Mia gemeinsam mit Thomas' Vater die angegebene Adresse.
Max wohnt im Nachbarort in einer Hochhaussiedlung.
»Hier wohnt dieser Max?« Hans seufzt. »Das ist keine gute Gegend.«
»Das muss nichts heißen«, versucht Mia ihn zu beruhigen. »Unser Schulsprecher versucht sich auch als Drogendealer für Meth und der geht nicht nur aufs Gymnasium, der wohnt in der Schlossallee.«
Hans rümpft die Nase. »Johannes vertickt Drogen?«
Mia nickt.
Hans verdreht die Augen. »Herr im Himmel, man sollte meinen, die Welt sortiert sich neu. Reicht es nicht, dass wir durch die Pandemie eine Weltwirtschaftskrise ausgelöst haben? Müssen wir nun auch noch reiche, verzogene Burschen ertragen, die eine Taschengeldaufbesserung durch Drogendealerei gar nicht nötig haben?«
Mia versucht zu lächeln. »Ich befürchte, so was gab es schon vor Corona, Hans. Ich schätze, auch reiche Jungs haben hohe Ansprüche und verticken Drogen, weil sie mit dem horrenden Taschengeld nicht auskommen.«
Hans drückt auf den Klingelknopf.
»Ja?«
»Hans Wietmüller, guten Tag! Ich möchte gerne Max sprechen.«
»Wozu?«, ertönt es aus der Gegensprechanlage.
Thomas' Vater räuspert sich. »Ich suche meinen Sohn Thomas.«
»Sehe ich aus wie eine Jugendauffangstation? Hier gibt es keinen Thomas. Und wenn Sie es genau wissen wollen, wäre ich froh, wenn es hier auch keinen Max gäbe.«
Stille.

Hans atmet tief durch und klingelt erneut. »Ist Max denn zuhause?«
»Nee, der Penner ist abgezischt, nachdem er sich eine gefangen hat. Hat mir doch einfach das Handy geklaut, der Dreckskerl.«
»Wissen Sie denn, wo Max sein könnte? Ich vermute, dass mein Sohn bei ihm ist.«
»Nee, interessiert mich auch nicht. Ohne mein Handy braucht der Arsch nicht wieder hier aufzutauchen. Was bildet sich der Rotzlümmel eigentlich ein? Denkt der, ich scheiße das Geld aufm Klo aus?«
»Das denkt er sicherlich nicht. Ich vermute, er brauchte Geld für Drogen«, erwidert Hans Wietmüller.
»Wer sind Sie denn überhaupt, dass Sie so hochgestochen daherreden? Und wie kommen Sie darauf, dass mein Stiefsohn Drogen nimmt?«
»Ich bin Anwalt und Max ist bekannt dafür, dass er Drogen vertickt - und konsumiert.«
»Anwalt? Na, dann schönen Tag noch!«
Es klickt und das Rauschen der Gegensprechanlage hört auf. Thomas' Vater klingelt noch einmal, aber niemand antwortet mehr.
»Was machen wir jetzt?«
»Helene, die Streetworkerin fragen. Vielleicht hat sie die beiden gesehen«, schlägt Mia vor.
»Und wo finden wir Helene?« Hans fährt sich durchs Haar. »Oh Mann, ich weiß fast gar nichts mehr von meinem Sohn und er ist erst 15.«
»Mach dir keine Vorwürfe. Meine Eltern wissen auch nicht immer, wo ich bin. Und das ist auch gut so.« Mia grinst.
Hans hebt beide Augenbrauen. »Muss ich mir über dich nun auch Sorgen machen?«

»Nein. Ich habe mit Drogen nix am Hut. Ich trinke auch keinen Alkohol. Schmeckt mir nicht.«
»Zigaretten?«
»Eklig.«
»Wenigstens eine, die vernünftig ist. Komm, Lieblingsschwiegertöchterchen in spe. Suchen wir Helene!«
»Ich denke, sie könnte im Jugendclub sein.«
»Dann fahren wir dahin.«
Ein paar Minuten später erreichen sie den Jugendclub.
»Hallo Helene, wir suchen Thomas. Weißt du vielleicht, wo er sein könnte? Könnte sein, dass Max bei ihm ist«, ruft Mia schon von weitem.
Helene lächelt. »Hi, Mia! Gute Frage. Ich glaube, Hannes und Michael meinten vorhin, dass irgendwo im Nachbarort eine Party steigen soll. Bei irgendeinem Chris.«
»Chris? Sagt mir nichts.« Mia blickt sich um.
Hannes sitzt mit ein paar Jugendlichen auf einer Bank im Außengelände. Mia steuert auf ihn zu.
»Hey, Hannes, weißt du, wo dieser Chris wohnt, bei dem die Party steigen soll?«
»Klar.«
»Äh, ja, und wo?«
Hannes blickt sie pikiert an und zieht an seiner Zigarette.
»Sag ich dir doch nicht!«
Mia stöhnt.
Hans wird wütend. »Nun hör mir mal gut zu, Hannes! Vielleicht geht es um Leben und Tod. Jetzt rück raus mit der Sprache! Wo wohnt dieser Chris.«
Hannes verzieht das Gesicht. Es ist ihm deutlich an zusehen, dass er keinen Bock hat, Thomas' Vater zu antworten.

Bevor die Situation eskaliert, mischt sich Helene ein. »Jungs, nun sagt schon, wo dieser Typ wohnt. Es ist wichtig.«

Hannes schneidet eine Grimasse. »Ist ja gut. Er wohnt irgendwo in den Hochhäusern, hat aber einen Schrebergarten im Stadtpark. Soll 'ne grüne Hütte sein. Da steigt die Party. Aber das habt ihr nicht von mir.«

»Danke!«, sagt Thomas' Vater halb zu Hannes, halb zu Helene. Dann wendet er sich an Mia. »Kommst du mit?«

Mia nickt.

Gemeinsam fahren sie zur Schrebergartenanlage und suchen die Hütte. Schon von weitem hören sie laute Musik. Als sie dort ankommen, sehen sie Thomas im Gebüsch verschwinden.

Eilig flitzt Hans ihm hinterher und holt ihn aus der Hecke heraus. »Thomas, was soll das? Du benimmst dich wie ein Kleinkind.«

»Papa, was machst du denn hier? Mia!« Thomas will auf Mia zugehen, schwankt aber und stolpert über einen Eimer. »Ups, was macht denn das Ding hier?«, lacht er leise und rappelt sich auf.

»Hast du getrunken?«, fragt Hans mit ernster Miene.

»Ja.«

»Oder gekifft?«, mischt sich Mia ein.

»Auch.« Thomas grinst. »Willst du auch was haben? Bist ja in letzter Zeit 'ne ziemliche Spaßbremse geworden.«

Mia lacht nicht. »Das ist nicht witzig, Thomas. Ich glaube langsam, wir passen nicht mehr zusammen. Am besten machen wir Schluss.«

Thomas blickt sie mit leerem Gesichtsausdruck an. »Schluss? Du willst unsere jahrelange Beziehung einfach so beenden?« Er schnippt pikiert mit den Fingern.

»Das will ich nicht. Aber du lässt mir ja keine andere Wahl.«

Thomas zuckt gleichgültig mit den Schultern. »Tu, was du nicht lassen kannst.«

Hans packt ihn am Arm. »Du kommst jetzt mit nach Hause.«

»Nee, ich will nicht. Hier ist mein Zuhause. Bei meinen Bro's.«

»Hey, Tommy! Macht der Alte Stress?«, ruft ein schlaksiger Junge.

»Schon gut, Chris. Habe ich im Griff. Und nun müsst ihr gehen. Unsere Gäste kommen gleich.«

Hans schiebt seinen Sohn zum Gartentor. »Die Party muss leider ohne dich stattfinden. Abmarsch! Es geht nach Hause.«

»Nee, lass mal! Ich will das nicht«, wehrt sich Thomas.

»Was hast du alles eingeworfen?«, fragt sein Vater angewidert.

»Alles.«

»Geht das auch konkreter? Sonst fahren wir gleich in die Klinik und ich lasse deinen Magen auspumpen.«

»Geil. Kriege ich da noch mehr Drogen, damit es nicht so weh tut?«, feixt Thomas.

Hans knurrt. »Nein. Aber ich weiß dann wenigstens, was du alles intus hast.«

Thomas hebt eine Hand. »Alkohol, Gin Tonic, Gras und 'ne klitzekleine Tablette.«

»Tablette?«

»›*X*‹.«

»Was, zum Henker, ist ›*X*‹?«, fragt Thomas' Vater.

»›*Adam*‹«, fordert Thomas seinen Vater weiter heraus.

»Mann, Thomas. Rede Klartext mit mir!«, verliert Hans Wietmüller die Nerven. »Ich kenne diese Namen nicht.«

»Ecstasy«, lallt Thomas.
»Dann geht es jetzt in die Klinik.« Hans wendet sich an Mia. »Ist das Zeug nicht kreuzgefährlich?«
Mia zuckt mit den Schultern. »Ich habe mich, ehrlich gesagt, noch nie so richtig damit beschäftigt. Ich weiß nur von Oma Kassy, dass dieses MDMA die Nerven schädigt und man damit sogar im Rollstuhl landen kann, weil man nicht mehr in der Lage ist, seine Körperfunktionen zu kontrollieren.«
»Na, toll. Da zieht man jahrelang sein Kind groß und freut sich, dass es bester Gesundheit ist, und da kommt dieses Kind daher und frisst irgendeine Scheiße, wodurch es behindert wird?« Hans lässt sich kopfschüttelnd auf den Fahrersitz seines Autos fallen. »Entschuldige, aber ich könnte kotzen.«
»Ich auch«, sagt Thomas und kotzt das ganze Auto voll.

Blanker Horror

»Danke, dass du gleich kommen konntest, Mia!« Hans Wietmüller deutet auf den Terrassenstuhl.
»Habt ihr Thomas gefunden?«, fragt Mia voller Sorge.
Vor vier Wochen ist Thomas erneut von zuhause weggelaufen und seither nicht mehr aufgetaucht.
»Nein. Aber ich habe Thomas über Instagram angeschrieben, dass ich ihn polizeilich suchen lasse.«
»Im Ernst?« Mia ist überrascht.
»Ja. Ich hatte gestern Nacht einen Anruf von einem anonymen Anrufer, der mir mitteilte, dass Thomas in der Crystal-Szene untergetaucht ist und Hilfe braucht«, berichtet Thomas' Vater.
»Crystal? Boah, ich bin platt.« Mia nimmt die Limo von Thomas' Mutter entgegen. »Danke!«
Evelyn Wietmüller seufzt. »Wir haben heute einen Brief bekommen. Thomas muss für vier Wochen Schulschwänzen entweder zweieinhalb Tausend Euro zahlen oder fünfhundert Sozialstunden leisten.«
Mia fällt fast vom Stuhl. »Fünfhundert Sozialstunden? Das ist ja irre? Das sind ja gerade mal fünf Euro, die sie pro Stunde ansetzen.«
»Gut ausgerechnet«, lobt Hans Wietmüller.
»Hi!«
Erschrocken fahren alle drei zusammen.
»Thomas!« Erfreut springt Thomas' Mutter auf und will auf ihren Sohn zu rennen, doch der weicht ihr aus. »Wieso lasst ihr mich polizeilich suchen? Es geht mir gut. Verdammt gut, sogar!«
Mia blickt ihren Ex-Freund an.

Zugegeben, sie liebt ihn noch immer, aber er sieht mehr als schlecht aus. Abgemagert und mit extrem dunklen Augenringen steht er vor ihnen und ballt die Fäuste.
»Was bist du so aggressiv?«, fragt Hans seinen Sohn.
»Ich bin nicht aggressiv«, schreit Thomas zurück.
Hans will aufstehen, doch Thomas weicht nach hinten weg. Er macht auf dem Absatz kehrt und rennt ins Haus. Sein Vater springt auf und läuft hinterher.
»Thomas, nun warte doch!«
»Nein«, brüllt Thomas. »Du willst mich doch nur in eine Irrenanstalt stecken. Das mache ich nicht mit. Und Hausarrest lasse ich mir auch nicht verpassen.«
Mia und Thomas' Mutter folgen den beiden ins Haus.
»Ich will dir helfen«, wird nun auch Thomas' Vater lauter. Thomas läuft die Treppe hinauf in sein Zimmer. »Ich brauche keine Hilfe. Von niemandem. Lasst mich doch einfach alle in Ruhe.«
Unsicher steht Mia vor der Terrassentür und weiß nicht, wie sie sich verhalten soll.
Hans geht zum Telefon und ruft die Polizei. »Ich habe meinen Sohn gefunden. Er ist zuhause aufgetaucht.«
Er wartet ab und nickt schließlich. »Ja, bis gleich.«
»Die Polizei kommt hierher?«, fragt Mia überrascht.
Hans seufzt. »Ja. Ich habe mir heute morgen einen Unterbringungsbeschluss beim Familiengericht geholt.«
»Was bedeutet das?«
»Das heißt, dass die Polizei Thomas gleich in die Entzugsklinik bringt. Dort kann er seinen Entzug unter Aufsicht durchmachen«, erklärt Hans.
Plötzlich sehen sie, wie etwas aus dem Obergeschoss am Fenster vorbeifliegt.
Erschrocken stürmen sie zum Fenster und sehen gerade noch, wie Thomas humpelnd davonrennt.

»Ist Thomas gerade aus dem Fenster gesprungen?«, fragt Mia voller Entsetzen.

Hans zuckt mit den Schultern. »Sieht ganz so aus.« Er nimmt den Telefonhörer und ruft einen Krankenwagen an. Ein Streifenwagen fährt vor und zeitgleich mit ihm, kehrt Thomas zurück.

»Thomas Wietmüller?«, fragt einer der Beamten.

Thomas nickt und bleibt stehen. »Ja.«

Der Beamte bekommt einen Funkspruch und wendet sich kurz ab. Der zweite Polizist geht derweil auf Thomas zu.

»Fassen Sie mich nicht an!«

Der Polizist hebt beide Arme. »Bleib ganz ruhig!«

»Ich bin die Ruhe in Person«, schreit Thomas aggressiv.

»Haben Sie uns gerufen?«, wendet sich der Polizist an Thomas' Vater. Dieser nickt. »Ich würde sie bitten, ihn in die Entzugsklinik am Wald zu bringen. Ich habe hier einen Unterbringungsbeschluss.«

»Ich bin doch nicht irre! Ich gehe da nicht hin«, schreit Thomas mit hochrotem Kopf.

Die zwei Beamten nicken sich zu und umkreisen Thomas.

»Nun bleib mal ganz entspannt! Bist du gerade aus dem Fenster gesprungen?«, fragt einer der beiden.

Thomas nickt. »Na, und? Ich bin ja noch heil, wie Sie sehen können.«

Einer der Beamten spricht in sein Funkgerät und bestellt den Rettungshubschrauber ab. Im selben Augenblick kommt ein Rettungswagen und zwei Sanitäter springen heraus. »Wo ist der Verletzte?«

»Mann, ich bin nicht verletzt. Alter! Was ist hier eigentlich los?« Thomas beruhigt sich langsam.

Die Sanitäter gehen auf ihn zu. »Bist du aus dem Fenster gesprungen?«

»Ja, Mann!«, knurrt Thomas.

»Kannst du laufen?«
»Mir tut nix weh!«
»Hast du Meth konsumiert?«, fragt der zweite Sanitäter. Offenbar ist er die Aggressivität von Drogenkonsumenten bereits gewöhnt.
»Ja. Na, und?«
»Wir nehmen dich jetzt mit ins Krankenhaus. Dort lassen wir dich untersuchen und dann sehen wir weiter«, sagt der eine Sanitäter ruhig.
Thomas knickt ein. »Wenn es denn sein muss.«
»Kriegen wir das hin, ohne dass wir dich anschnallen müssen?«, fragt der groß gewachsene Sanitäter.
»Ja, Mann! Ich mach keinen Stress.« Damit humpelt Thomas zum Rettungswagen.
»Wir folgen dem Wagen und überführen den Jungen nach der Untersuchung dann in die Entzugsklinik«, teilt der eine Polizist Thomas' Vater mit.
Dieser nickt. »Wir fahren hinterher.« Er wendet sich an Mia. »Möchtest du mitkommen?«
Mia ist hin und hergerissen.
Einerseits will sie Thomas helfen und ist noch in ihn verliebt, andererseits hat er sich so blöd verhalten, dass sie ihn am liebsten nie wieder sehen würde.
»Ja«, sagt sie schließlich.
Gemeinsam mit Thomas' Vater folgen sie dem Streifenwagen ins Krankenhaus.
Dort kommt ihnen Thomas hochaggressiv entgegen.
»Mann, die wollen mich hier behalten und festschnallen«, beschwert er sich.
»Sie wollen dich festschnallen?«, hakt Thomas' Vater nach.
»Ja.«

Einer der Polizeibeamten taucht auf. »Die Untersuchungen sind abgeschlossen. Er hat sich nur den Fuß verstaucht. Wir würden ihn dann mitnehmen.«

Ein Arzt taucht auf. »Sie können ihn in drei Tagen in die Psychiatrie überführen. Bis dahin möchte ich, dass er den Entzug hier im Krankenhaus durchmacht. Ich möchte ihn beobachten, um sicher zu gehen, dass alles in Ordnung ist.«

»Was sollte denn nicht in Ordnung sein? In einer Entzugsklinik sind doch auch Ärzte«, widerspricht Hans Wietmüller.

»Richtig. Aber ich habe eben mit dem Chefarzt der Klinik am Wald telefoniert. Sie haben erst in drei Tagen ein Bett frei und kaum Kapazität, ihn im jetzigen Zustand schon zu betreuen«, entgegnet der Arzt freundlich.

»Und was haben Sie jetzt mit meinem Sohn vor?«, fragt Thomas' Vater besorgt.

»Wir werden ihn auf Station bringen und dort fixieren«, erklärt der Arzt.

»Wozu müssen sie ihn festschnallen? Ist das nicht etwas übertrieben?«

»Nein. Wir haben zwar noch nicht das Ergebnis der Blutprobe, gehen aber davon aus, dass Ihr Sohn gerade einen Entzug von Crystal Meth durchmacht. Die großen Pupillen und die Aggressivität deuten eindeutig darauf hin. Außerdem hat er zugegeben, dass er das letzte Gramm Methamphetamin gestern geschluckt hat. Wir müssen ihn an Armen und Beinen am Bett fixieren, damit er sich nicht selbst verletzt und seine Herzfunktionen überwachen. Es dient nicht dazu, ihn zu quälen oder abzustempeln. Wir wollen nur vermeiden, dass er durchdreht. So ein Entzug ist nicht zu unterschätzen. So was kann schnell mal tödlich enden.«

Hans Wietmüller nickt und fängt urplötzlich an zu weinen. Mia ist so geschockt, dass ihr ebenfalls die Tränen kommen.
»Papa, hör auf zu weinen!«, ruft Thomas entsetzt.
Er hat seinen Vater noch nie weinen sehen.
»Entschuldige, aber ich kann nicht«, antwortet Thomas' Vater im Flüsterton. Beschämt schlägt er die Hände vors Gesicht.
Der Arzt bleibt ruhig. »Das ist für alle eine schwierige Situation. Aber wir geben unser Bestes, um Ihrem Sohn zu helfen.«
Hans Wietmüller weint herzzerreißend.
Der Arzt legt ihm eine Hand auf den Arm. »Möchten Sie eine Beruhigungstablette?«
Hans blickt auf und schüttelt den Kopf. »Nein, danke! Ich habe momentan genug von Drogen.«
Der Arzt lächelt zaghaft. »Das kann ich gut verstehen.«
»Kann ich meinen Sohn besuchen in den drei Tagen?«
Der Arzt mustert Thomas, dann blickt er dessen Vater an.
»In drei Tagen können Sie vorbeikommen. Bis dahin müssen wir ein paar Checkups machen. Da wir noch nicht wissen, wie lange und wie viel Ihr Sohn von dem Speed schon geschluckt hat, wollen wir uns ein Bild von seinem körperlichen Zustand machen.«
»Dann sind die Horrorgeschichten über die Droge wahr?«, stammelt Hans Wietmüller.
»Ja, durchaus. Das Herz kann beschädigt sein, es können Lähmungen auftreten, die Nieren können versagen und die Lungen können zerstört werden. Von aufgelösten Nasenscheidewänden, wenn das Zeug geschnieft wird, rede ich noch nicht einmal. Seine Haut zeigt bereits nicht heilende Wunden und die Zähne könnten beschädigt sein. Ihr Sohn sieht aber noch verhältnismäßig gut aus. Sie haben

offenbar schnell genug reagiert. Wenn er schlau ist, nimmt er Ihren Unterbringungsbeschluss im Entzug als Chance!«
Der Arzt nimmt die Krankenkassenkarte entgegen und lässt sie einlesen.
Mia geht noch einmal zu Thomas. »Ich bin echt erschrocken, dass du Meth genommen hast! Und ich habe mir wirklich Sorgen um dich gemacht.«
Thomas lässt den Kopf hängen. »Tut mir leid, Süße! Vielleicht können wir nochmal reden, wenn ich hier rauskomme?«
»In Ordnung«, sagt Mia und verabschiedet sich.

***

»Ich bin sehr nervös«, gesteht Mia.
Hans Wietmüller lächelt sie aufmunternd an. »Ob du es glaubst, oder nicht, aber ich bin auch sehr aufgeregt. Erst ist Thomas drei Tage angepflockt gewesen und nun hängt er in der Kinder- und Jugendpsychiatrie fest. Vermutlich will er nie wieder mit mir sprechen.«
Sie betreten die Kinder- und Jugendpsychiatrie und gehen zum Empfang.
»Guten Tag« sagt die Dame am Tresen. »Was kann ich für Sie tun?«
»Wir bringen Wäsche für Thomas Wietmüller.«
»Ah, danke! Sie können mir die Tasche geben, ich werde sie weiterreichen.« Die Frau streckt die Hände aus, aber Thomas' Vater weigert sich, die Tasche zu überreichen.
»Um ehrlich zu sein, möchte ich meinen Sohn gerne sehen.«
»Das geht leider nicht. Er darf noch keinen Besuch empfangen.«
Ungeduldig tänzelt Mia neben Thomas' Vater herum, der langsam verärgert zu sein scheint. »Hören Sie, das ist hier

doch kein Gefängnis. Ich bestehe darauf, meinen Sohn zu sprechen.«
Die Frau zieht eine Grimasse. »So funktioniert das nicht. Sie müssen sich schon an unsere Regeln halten. Ihr Sohn ist gestern neu aufgenommen worden und darf heute noch keinen Besuch empfangen.«
Von weitem sehen sie eine Ärztin.
Ohne abzuwarten, stürmt Hans Wietmüller auf sie zu. »Entschuldigen Sie! Haben Sie kurz Zeit für mich?«
»Ja, wie kann ich Ihnen helfen?«
»Ich habe meinem Sohn ein paar Klamotten vorbeigebracht und möchte ihm kurz ›Hallo‹ sagen. Aber die Dame am Empfang wimmelt mich ab.«
»Das ist auch richtig so. Ihr Sohn braucht etwas Zeit, um hier zur Ruhe zu kommen. Außerdem ist gerade eine Anwältin bei ihm«, antwortet die Ärztin.
»Warum das denn?«
»Nun, wenn ich richtig informiert bin, ist Thomas nicht freiwillig hier, sondern weil Sie einen Unterbringungsbeschluss beim Familiengericht erwirkt haben«, entgegnet die Frau im blauen Klinikdress.
Hans Wietmüller haut sich gegen die Stirn. »Ich bin so dämlich. Ich habe total vergessen, dass mein Sohn einen Verfahrenspfleger bekommt, weil er gegen seinen Willen hier untergebracht wurde.«
»Sobald er sich geäußert hat, ob er gegen die Unterbringung Beschwerde einlegen will, werde ich ihn fragen, ob er Sie sehen will. Aber das ist eine Ausnahme. Und die Tasche müssen wir leider vorerst durchsuchen. Ich hoffe, Sie verstehen unsere Vorsichtsmaßnahmen.«
»Natürlich. Dann warten wir eben.«
Die Anwältin kommt auf sie zu. »Guten Tag!«
»Hallo!«

»Das ist Thomas' Vater«, stellt die Ärztin der Anwältin Hans Wietmüller vor.
»Ah, Herr Kollege! Ich darf Ihnen leider keine Details preisgeben.«
»Kein Problem. Nur eins: Hat mein Sohn Beschwerde eingelegt?«
Die Anwältin zögert kurz. »Nein.«
Dankbar nickt Hans Wietmüller der Anwältin zu.
»Ich frage eben, ob Thomas Besuch empfangen möchte, aber nur zwei Minuten.« Die Ärztin eilt davon.
Eine Minute später stehen Hans und Mia vor Thomas.
»Hi.«
»Hallo Thomas!«
Die Situation ist merkwürdig, irgendwie spannungsgeladen.
»Wir haben dir Sachen vorbeigebracht«, sagt Hans Wietmüller schließlich zu seinem Sohn. »Wenn du noch etwas brauchst, sag mir Bescheid. Bücher, Zeitschriften, Süßigkeiten…«
»Danke!« Thomas errötet, dann wirft er sich seinem Vater unvermittelt in die Arme. »Danke, dass du mich zur Therapie zwingst! Ohne dich hätte ich es nicht geschafft, vom Meth wegzukommen.«
Hans Wietmüller umklammert seinen Sohn fest. »Du bist mein einziges Kind. Hast du wirklich gedacht, ich würde dich so schnell aufgeben?«
Thomas wischt sich eilig ein paar Tränen aus den Augenwinkeln. Dann wendet er sich an Mia. »Es tut mir leid, dass ich so scheiße zu dir war. Ich liebe dich! Aber irgendwie habe ich nichts mehr gefühlt.«
Mia nickt betroffen.
Sie ist den Tränen nah.

Am liebsten würde sie ihn umarmen, aber sie ist sich unsicher, ob er das überhaupt will.
»Willst du 'n Hug?«, fragt sie leise.
Thomas nickt und breitet die Arme aus.
Mia wirft sich hinein. Sie genießt seine Nähe und seinen Duft. »Du hast mir so gefehlt!«
»Du mir auch. Aber die Drogen waren irgendwie stärker.«
»Reden wir, wenn du wieder draußen bist?«, fragt Mia hoffnungsvoll.
Thomas nickt. »Ja. Vielleicht können wir ja nochmal einen Versuch starten. Nur wir beide. Ohne Drogen.«
»Das wäre schön.«
»Sie müssen jetzt gehen«, mischt sich die Ärztin ein.
Hans Wietmüller und Mia verabschieden sich schweren Herzens.
Als sie zum Auto gehen, wendet sich Mia an Thomas' Vater. »Es ist irgendwie merkwürdig, Thomas hier zurückzulassen. Der Ort ist so trostlos. Hat irgendwie schlechte Vibes.«
»Schlechte was?«, hakt Hans Wietmüller nach.
»Vibes. Schlechte Schwingungen. Meine Mom würde sagen, schlechtes ›*Chi*‹, also ›*Cha*‹, wie der Chinese sagt«, erklärt Mia lächelnd.
Thomas' Vater nickt. »Stimmt. Mir gefällt es hier auch nicht. Man spürt die Schwere, die hier in der Luft hängt.«

Alles ganz easy?

»Hallo!« Unsicher stakst Mia über den Rasen, während sich Thomas' Vater noch etwas im Hintergrund hält.
Mehrere Jugendliche sind auf dem Spielplatz der Kinder- und Jugendpsychiatrie und lachen miteinander.
Thomas sitzt auf der Schaukel, springt aber herunter und tönt lauthals: »Ah, da kommt ja meine süße Braut!«
Mia stutzt kurz, sagt aber nichts dazu.
Sie lässt sich umarmen und lächelt. »Es scheint dir besser zu gehen.«
»Viel besser«, sagt Thomas.
Sie gehen rüber zu Thomas' Vater, den Thomas ebenfalls mit einer freundschaftlichen Umarmung begrüßt.
»Wollen wir ein paar Schritte gehen? Das Gelände ist ja groß genug«, schlägt Thomas vor.
Mia nickt. »Klar.«
»Ich bin spazieren«, meldet sich Thomas bei einem der beaufsichtigenden Pfleger ab.
Dieser hebt eine Hand und nickt. »Gut. Ich weiß Bescheid.«
»Wie geht es dir?«, will Hans Wietmüller wissen.
Thomas zuckt mit den Schultern. »Es könnte schlechter gehen. Die sind ganz nett hier. Und die anderen sind okay.«
»Die anderen Patienten?«
»Ja.«
»Wenn du hier raus bist, müssen wir gucken, wie wir den verpassten Stoff in der Schule wieder aufholen. Dein Klassenlehrer meinte schon, dass du eventuell wiederholen musst«, sagt Hans. »Du hast vier Wochen Schule ge-

schwänzt und dazu kommen jetzt noch 6 Wochen in der Psychiatrie hier.«

»Ich habe auf 8 Wochen verlängert. Freiwillig«, gesteht Thomas.

»Warum das denn?«, fragen Mia und Hans Wietmüller gleichzeitig.

»Naja, der Arzt meinte, es würde keinen Sinn machen, wenn ich die letzten zwei Schulwochen noch zur Schule gehen würde, und wenn ich bereits nach sechs Wochen entlassen werden würde, dann müsste ich meiner Schulpflicht nachkommen.«

»Ah, das ist natürlich ein kluger Schachzug.«

»Mom meinte, ich muss eh schon 500 Stunden Sozialarbeit leisten.«

»Wann hast du mit deiner Mutter gesprochen?«, fragt Hans Wietmüller überrascht.

»Sie war gestern hier. Wusstest du das nicht?«

»Nein. Sie hat kein Wort gesagt.«

»Habt ihr etwa Stress?«, fragt Thomas besorgt.

»Nein, nein. Ich arbeite zur Zeit nur sehr viel. Ich war erst spät zuhause.«

»Du solltest dich mehr um Mom kümmern. Sie sah sehr traurig aus gestern«, sagt Thomas leise.

Nachdenklich blickt sein Vater zu Boden. »Ja, vermutlich hast du Recht. Ich befürchte, uns fressen die Sorgen ein wenig auf.«

»Dann bin ich schuld, nicht wahr?«

»Nein«, lügt Thomas' Vater seufzend. »Bist du nicht. Wir sind ja schon groß.«

»Wie ist Schule im Moment?«, wendet sich Thomas an Mia.

Mia zuckt mit den Schultern. »Um ehrlich zu sein, bezweifle ich, dass du wiederholen musst. Würde ich dir auch nicht raten. Was verpasst man schon groß, wenn man einmal pro Woche Schule hat? Die meisten Übungen stehen auf der Homepage der Schule. Du müsstest sie dir nur runterladen und machen. Du brauchst sie nicht mal persönlich abzugeben. Du kannst sie einfach per Mail an die Lehrer schicken.«

»Du meinst, ich soll nicht wiederholen? Dann mache ich die Aufgaben. Habe eh manchmal Langeweile hier.«

Mia blickt Thomas lange an, dann schüttelt sie den Kopf. »Ich würde sagen, Corona spielt dir in die Karten. Du verpasst nix.«

»Da bin ich dann ja wohl mit einem blauen Auge davon gekommen«, feixt Thomas.

»Wenn du die Finger von den Drogen lässt, ja.« Mia sucht in seinem Gesicht nach einer Antwort.

»Meth ist scheiße. Das ist ein richtiges Teufelszeug. Du brauchst ganz schnell immer mehr. Der ›*Cold Turkey*[20]‹ ist unerträglich. Ich hab mich noch nie so ruhelos und aggressiv gefühlt. Der Suchtdruck ist so stark, wenn die Wirkungen abflauen, dass ich froh war, als man mich im Krankenhaus festgeschnallt hat.«

»Klingt ziemlich übel.«

»Ist es auch.«

»Dann rauchst du auch nicht mehr?«, fragt Mia hoffnungsvoll.

»Zigaretten nicht. E-Zigarette ist cool.«

»Ach, Thomas…«

Thomas legt eine Hand auf Mias Schulter. »Es gibt auch Liquids ohne Nikotin. Die sind nicht so schlimm.«

»Das denkst du! Aber da sind so viele Trägerstoffe drin, die total schädlich sind«, widerspricht Mia enttäuscht.

---

[20] aus dem Englischen = Kalter Entzug

»Ach, Quatsch! Alles nicht erwiesen. In den meisten Liquids sind nur Alkaloide drin. Die gewinnt man aus Nahrungspflanzen. Total ungiftig. Sonst wäre es doch auch schon schädlich, wenn man Kartoffeln oder Tomaten isst.«
»Wie kannst du dir da so sicher sein? Die Dinger gibt es doch erst seit ein paar Jahren. Wie soll man in der kurzen Zeit Studien machen?«
»Wenn ich mich mal einmischen darf…«, sagt Thomas' Vater.
Beide blicken ihn gespannt an.
»Ich denke auch, dass die Liquids eine schädliche Wirkung haben. Die meisten Alkaloide sind giftig, und selbst ungiftige können in hohen Dosen lebensbedrohlich sein. Und das Problem bei den Liquids ist, dass der Dampf ja nur durch die Trägerstoffe Glycerin und Propylenglykol entsteht, und die sind nicht gesund. Sie können dafür sorgen, dass sich die Wände deiner Blutgefässe verändern, was zu Gefässverschlüssen, Herzinfarkt und Schlaganfall führen kann.« Thomas' Vater seufzt schwer. »Ich weiß nicht, warum ihr Jugendliche so überzeugt davon seid, dass das alles so gesund ist und euch nicht betrifft. Es ist falsch zu glauben, dass man der einzige Konsument ist, der nicht krank wird durch den Konsum.«
»Das Rauchen ist doch immer noch harmloser als Meth, Papa. Und ein bisschen Cannabis schadet auch nicht. In der Krebsmedizin wird das längst als Wunderheilmittel gehandelt«, versucht Thomas, seinen Vater zu überzeugen.
»Dann willst du weiter rauchen und kiffen, wenn du hier rauskommst?« Hans Wietmüller hält die Luft an.
»Klar. Ist doch voll harmlos.«

»Das ist es nicht«, erzürnt sich Mia. »Ich dachte, du hast aus den ganzen Vorfällen gelernt! Was ist nur mit dir los?«

»Was ist mir dir los, Mia? Ich dachte, du bist für jeden Spaß zu haben!«

»Spaß bedeutet doch nicht, dass man Drogen nehmen muss. Es gibt so viele schöne Dinge, die man ohne den Mist machen kann.« Enttäuscht lässt sich Mia auf eine Bank fallen.

Unsicher bleibt Thomas stehen. »Ich kiffe nur noch auf Partys, versprochen.«

»Warum musst du das überhaupt tun? Ich verstehe das nicht.«

»Weil das absolut harmlos ist.«

Mias Hoffnungen sind auf den Nullpunkt gesunken, als sie sich kurz darauf von Thomas verabschieden.

Schweigend fährt sie mit Thomas' Vater nach Hause.

Als er sie zuhause absetzt, wendet sie sich noch einmal an ihn. »Hast du Streit mit deiner Frau?«

Lange blickt Thomas' Vater sie an, dann nickt er. »Ja. Ich schäme mich sehr, dass mein Sohn Drogen nimmt. Es ist mir mega peinlich, wenn man mich darauf anspricht. Weißt du, als Anwalt versuche ich den Menschen zu helfen und ich habe eine Top-Ausbildung dafür machen müssen. Es ist hart zu sehen, dass sich mein Sohn durch Drogen so kaputt macht. Und es ist egal, ob er harte oder weiche Drogen nimmt, weil beides das Gehirn von Jugendlichen aufweicht. Meine Frau findet es ätzend, dass mir das peinlich ist.«

»Ich glaube, du hast ihm bereits sehr geholfen, weil du ihn zu der Therapie gezwungen hast. Alleine hätte er es nicht geschafft«, versucht Mia ihn zu trösten.

Hans Wietmüller starrt aus dem Fenster. »Möglich. Aber ich wünschte, mein Sohn hätte gar nicht erst mit dem Mist angefangen. Ständig macht man sich Sorgen, dass er wieder irgendwo untertaucht und sich vielleicht den letzten goldenen Schuss setzt.«
»Du meinst, er nimmt Heroin?«, fragt Mia entsetzt.
»Die Buschtrommeln sagen ja. Aber es geht nicht allein um Heroin. Auch andere Drogen können in Überdosis tödlich sein. Aber vor allem verändern Drogen sein Wesen. Drogen machen Menschen zu ungeselligen Marionetten, bei denen man alle Bänder zusammengebunden hat, weil die Figur so kaputt ist.«
»Schönes Beispiel«, sagt Mia und lächelt. »Wirst du dich mit Evelyn wieder versöhnen?«
»Ja, ich denke schon. So ein Vorfall in der Familie kann sehr belastend sein. Es ist eine harte Geduldsprobe für alle.«

***

»Du siehst aus wie sieben Tage Regenwetter, dabei ist das Wetter doch mega.« Emma drückt Mia einen Kuss auf die Wange.
Mia seufzt. »Wir haben Thomas besucht.«
Emma reicht Mia ein Eis. »Dann war dein Besuch nicht erfolgreich? Habt ihr euch nicht versöhnt?«
Mia wickelt ihr Eis aus und lässt sich Zeit mit der Antwort. »Ich bin mir plötzlich gar nicht mehr so sicher, ob ich noch mit Thomas zusammen sein will.«
»Du meinst, das Leben ist kein Radiergummi und er hat sich zu viel geleistet?«
»Er will ernsthaft weiter rauchen.«
»Wenn es nur Zigaretten sind, wäre das nicht ganz so schlimm. Davon stirbt man nicht gleich, auch wenn Niko-

tin mega eklig ist. Ich hasse es, Matt zu küssen, wenn er geraucht hat. Das schmeckt wie kalte Asche und der Atem ist richtig gruslig.«
»Ich weiß. Thomas will nicht einmal mit dem Kiffen aufhören. Er sagt, das sei normal und nicht schädlich. Das sei ungefährlicher als Alkohol.«
Emma zieht beide Augenbrauen hoch. »Im Ernst?«
»Ja. Er meint, es wird Zeit, dass die Politiker Cannabis legalisieren. Dann bekommt man keine Scheiße mehr von Dealern angedreht und kann ungefährlicher high sein als mit Alkohol.« Mia schnalzt verächtlich mit der Zunge.
»Wow! Der ist ja echt unbelehrbar.«
»Ja, und das nervt mich tierisch.«
»Warte doch erst einmal ab. Wann kommt er raus?«
»Am letzten Schultag.«

***

»Hi, Bro!« Matt und Thomas umarmen sich kumpelhaft.
»Wurde auch Zeit, dass du wieder unter den Freien herumläufst«, witzelt Matt.
Thomas verdreht die Augen. »Acht Wochen sind ganz schön lang.«
»Hat das Essen wenigstens gepasst?«
Thomas zuckt mit den Schultern. »Geht so. Essen gab es zu strikten Essenszeiten. Das war ätzend.«
»Na, jetzt bist du ja zurück im Hotel Mama«, lacht Emma leise.
Thomas grinst. »Ja. Und sie hat mir heute schon mein Lieblingsessen gekocht. Echt gediegen.«
»Und jetzt fasst du keine Drogen mehr an?«, wagt sich Matt vor.
Es herrscht fast peinliche Stille.
»Das harte Zeug ist tabu, aber Gras ist echt harmlos.«

Mia seufzt.

Thomas bemerkt ihren Frust und geht zu ihr. »Komm her, Babe!«

Mia zieht die Augenbrauen hoch. »Nenn mich bitte nicht ›Babe‹. Das erinnert mich an die Drogenzeit.«

»Okay, sorry.« Thomas zieht Mia in seine Arme. »Ich bin geheilt.«

Mia löst sich hämisch lachend. »Du bist was?«

»Geheilt.«

»Hey, Bro! Was machst du denn hier? Lange nicht gesehen, Alter!«

Wie in Zeitlupe dreht sich Mia um.

Vor ihr steht Max und freut sich riesig über Thomas' Ankunft. Während er ihr nur kurz zunickt, klatscht er Thomas' Hand ab. Dann zieht er Thomas beiseite und zeigt ihm eine Tüte mit Gras. »Das ist der beste Stoff, den ich je hatte. Der THC-Gehalt flasht richtig.«

»Wie hoch?«, fragt Thomas neugierig.

»35 Prozent.«

»Willst du mich verarschen? Niemals!«

»Doch, ich schwöre, Alter!« Max redet noch leiser. »Ich habe das Zeug im Darknet[21] bestellt. Nennt sich Nova OG und kommt aus Kalifornien. Soll das stärkste Cannabis sein, das es überhaupt gibt.«

»Und was kostet das?«

Max zögert. »Für dich würde ich dir einen Sonderpreis machen. Dreißig Para, Alter.«

»Dreißig was?«, mischt sich Mia ein.

---

[21] Darknet ist ein versteckter Teil des Internets, unsichtbar für alle, die mit dem Standard-Browser unterwegs sind. Es ist eine Plattform für illegale Geschäfte.

Max verdreht die Augen. »Was willst du? Ich rede nicht mit dir.«
»Sei nett zu ihr. Ist meine Freundin«, stutzt Thomas Max zurecht.
»Sorry, Mann. Dreißig Euro, Eure Hoheit.«
Genervt wendet sich Mia ab.
Auch ohne hinzusehen, weiß sie, dass Thomas angebissen hat. Er kauft Max eine Tüte Gras ab.
Sofort dreht er sich eine Tüte und inhaliert sie wie ein Ertrinkender.
»Willkommen zurück«, murmelt Matt.
Auch er ist wenig begeistert, dass Thomas nicht einen Tag lang standhält.
Nach einigen Zügen fängt Thomas an zu lachen und geht zu Mia, Emma und Matt hinüber. »Alter, wie habe ich das Kraut vermisst. Mega!«
»Ich finde es richtig ätzend, dass du kaum draußen bist und schon bekifft bist«, beschwert sich Mia.
»Ach, Süße! Sei nicht so streng mit mir. Gras ist vollkommen ungefährlich.« Er zieht erneut an der Tüte und hustet keuchend. »Alter, ich bin das gar nicht mehr gewohnt.«
»Dann wird es Zeit, dass du dich wieder daran gewöhnst«, sagt Max grinsend.
Mia springt vom Affenfelsen. »Ich weiß nicht, wie es euch geht, aber mir ist das zu viel. Ich gehe ein Eis essen.«
»Eis? Ich bin dabei«, ruft Thomas ausgelassen.
»Bleib du mal hier mit deinem Freund und kiffe weiter! Ich brauche dich nicht bekifft in der Eisdiele. Das ist total peinlich«, weist Mia ihn ab.
Thomas zuckt nur gelassen mit den Schultern. »Dann bis später, Süße!«

Angefressen geht Mia mit ihren Freunden ins Dorf zurück. Kaum sitzen sie mit ihren Eisbechern im Eiscafé, taucht Thomas' Vater auf. »Hey! Wo habt ihr denn Thomas gelassen?«
Betretenes Schweigen macht sich breit.
Hans Wietmüller tänzelt nervös von einem Bein aufs andere. »Ist er nicht bei euch gewesen?«
Mia fasst sich ein Herz. »Er ist am Affenfelsen.«
»Allein?« Thomas' Vater wird immer unruhiger.
Emma und Mia bekommen Mitleid mit ihm.
Sie verstehen, dass er sich große Sorgen um Thomas macht, schließlich ist er gerade mal einen Tag aus der Klinik raus.
»Er ist dort mit Max«, sagt Mia schließlich.
»Mit dem Idioten, der ihm die Drogen besorgt?« Hans Wietmüller hebt die Hand und läuft davon.
»Ich schätze, er wird Thomas nach Hause holen«, sagt Emma zerknirscht.
»Das denke ich auch. Und es wird ihm nicht gefallen.«
»Ich glaube, mit so viel THC im Blut wird es Thomas relativ egal sein«, wirft Matt ein.
»Wie kommt es eigentlich, dass du nicht mitrauchst?«, wendet sich Mia an ihn.
Matt zuckt mit den Schultern und ergreift Emmas Hand. »Zum einen will ich meine Freundin behalten und die steht nicht auf Junkies, und zum anderen will ich nicht dort landen, wo Thomas war. So wichtig sind mir Drogen auch nicht.«
»Da bin ich echt froh!«, sagt Emma und erwidert den Händedruck.
»Ich wünschte, Thomas würde genauso denken«, sagt Mia traurig.

Überraschung

Seufzend steht Mia vor dem Spiegel und schminkt sich.
»Hey, gut sieht das aus. Was hast du vor?«
Mia blickt ihren Vater durch den Spiegel an. »Ist das eine vorsichtige Frage, ob ich auf irgendwelche Drogenpartys gehe?«
Tom Maibaum lächelt. »Meine kleine, große, schlaue Tochter. Du hast mich erwischt. Und?«
»Was und?«, schindet Mia Zeit.
»Gehst du auf eine Drogenparty?«
Genervt dreht sich Mia um. »Papa, du solltest mich besser kennen. Was soll ich mit dem Mist? Es macht abhängig und krank, und irgendwann stirbt man davon. Thomas ist das beste Beispiel.«
»Oh Gott, ist er etwa tot?«, ruft Mias Vater erschrocken.
Mia verdreht die Augen. »Nein, noch nicht. Aber wenn er so weiter macht, arbeitet er darauf hin.«
»Die negativen Folgen vom Drogenkonsum interessieren leider nicht alle Jugendliche«, wirft Sophie ein.
»Ich weiß. Aber ich bin anders. Ich brauche das nicht, um Spaß zu haben. Ich gehe zu Emmas Party. Da gibt es keine Drogen. Nicht einmal Alkohol, was ja auch eine Droge wäre, wenngleich auch legal und gesellschaftlich anerkannt.«
»Kommt Thomas auch?«
»Mal sehen. Eingeladen ist er. Aber er darf nur kommen, wenn er nicht bekifft oder betrunken ist.«
»Bekifft?«, fragt Sophie stirnrunzelnd. »Das verstehe ich nicht. War er nicht gerade erst acht Wochen in der Thera-

pie? Warum sollte er drei Wochen später schon bekifft sein?«

»Er war es schon am Tag seiner Entlassung. Er ist der festen Überzeugung, dass Cannabis nicht schädlich ist. Schließlich versuchen ja sogar Politiker, Richter und Anwälte, Gras zu legalisieren«, erwidert Mia schulterzuckend.

»Wenn ihr mich fragt, sind das alles Arschgeigen«, schimpft Mias Papa. »Wie kann man Drogen legalisieren, wenn sie nachweislich schädlich sind?«

»Nun, die meisten sind der Meinung, Cannabis ist gesünder als Alkohol«, wirft Sophie ein.

»Bei Erwachsenen sind sie vielleicht weniger schädlich als bei Jugendlichen. Deshalb sind sie noch lange nicht ›gesund‹.«

»Herr Meierford, der mobile Drogenberater, der bei uns in der Schule war, meinte, der Vorteil bei der Legalisierung wäre, dass man das Zeug gezielt von staatlich geprüften Händlern kaufen würde, so wie in Holland im Coffeeshop«, erklärt Mia. »Damit würde man umgehen, dass die Leute gestrecktes Zeug kaufen und mehr Schäden davontragen.« Mia dreht sich um und zieht ihre Schuhe an. »Vielleicht schlafe ich bei Emma, wenn es spät wird.«

»Halloo! Du bist 15! Vielleicht fragst du mal, ob das geht?«, wirft Mias Vater ein.

Mia verdreht die Augen. »Ich bin schon groß, Papa.«

»Aber immer noch minderjährig. Mit 18 kannst du alleine entscheiden, wo du schläfst.«

»Okay«, stöhnt Mia. »Darf ich heute bei Emma übernachten?«

»Du darfst.«

»Keine Diskussion? So einfach?«, fragt Mia verwirrt.

»Ja. Ich wollte nur gefragt werden.«

»Väter!«, murmelt Mia und schnappt sich ihre Tasche.
»Viel Spaß«, ruft Sophie.
»Danke!«

Zehn Minuten später hilft Mia Emma bei den letzten Partyvorbereitungen. Thomas ist einer der ersten, der eintrudelt.
»Hallo Ladies!«
»Hi!«
Beide Mädels beobachten ihn, aber er scheint normal zu sein.
»Wie geht es dir?«, fragt Mia leise.
Thomas lächelt und umarmt sie kurz. »Gut.« Plötzlich entgleitet ihm das Lächeln und er bricht in Tränen aus. Erschrocken zieht Mia ihn an den Rand der Oase.
»Thomas! Was ist los? Ist was passiert?«
Thomas wirft sich ihr in die Arme und weint unkontrolliert. »Ich kann nicht mehr…«
Mia streichelt ihm über den Rücken. »Was meinst du?«
»Ich bin so fertig.« Thomas schluchzt weiter und lässt sich gar nicht mehr beruhigen.
Emma kommt mit einem Glas Wasser. »Hier, Thomas, trink das. Ist mit 'nem Schuss Zitrone und Gurke. Gut für die Nerven.«
Thomas nimmt das Glas entgegen und würgt das Wasser hinunter. »Schmeckt geil. Danke!« Trotzdem laufen ihm noch die Tränen übers Gesicht.
»Komm, wir setzen uns erst einmal.« Mia zieht ihn zur Gartenbank. »Was ist passiert?«
»Ich bin so fertig. Ich kann mich überhaupt nicht mehr konzentrieren, ich fühle mich antriebslos und ich habe das Gefühl, das ganze Leben ist einfach nur noch scheiße.«
Thomas verdeckt sein Gesicht mit beiden Händen. »Ich

habe ständig das Gefühl, mich verfolgt jemand. Überall sehe ich immer wieder irgendwelche Krabbeltiere, die nicht da sind. Ich bin irgendwie nicht mehr ich selbst. Ich könnte den ganzen Tag lang nur noch heulen.« Die nächste Sturzflut an Tränen bricht aus ihm heraus. »Ich brauche Hilfe, Mia.«

Oma Kassy eilt herbei und lässt sich ungefragt neben Thomas nieder. Sie legt ihm einen Arm auf die Schulter.
»Thomas, darf ich kurz mit dir reden?«
Thomas nickt.
Obwohl bereits die ersten Gäste kommen, weint er weiter.
»Für mich sieht es so aus, als wenn sich bei dir eine Psychose anbahnt. Das überrascht mich jetzt leider überhaupt nicht«, sagt Oma Kassy.
»Warum nicht?«, stammelt Thomas.
»Weil du recht früh mit dem Grasrauchen angefangen hast, und je früher ein Jugendlicher Cannabis konsumiert, umso höher ist die Wahrscheinlichkeit, dass er oder sie eine Psychose bekommt«, erklärt Oma Kassy.
»Ich glaube, ich bringe mich um«, sagt Thomas voller Verzweiflung.
»Na, na, das ist doch keine Lösung«, sagt Oma Kassy schnell.
Auch Mia ist erschrocken. Sie rückt näher an Thomas heran, der sie noch einmal kurz und heftig umarmt.
»Ich bin für alle eine Last…«
»Quatsch! Du hast dich für den falschen Weg entschieden, aber du hast jeden Tag eine neue Chance, einen Abzweiger zu nehmen und keine Drogen mehr zu konsumieren«, sagt Mia entschlossen. »Aber du musst das auch wollen. Es nützt nix, wenn wir dich zu einer Therapie drängen.«
»Ich will. Ich brauche Hilfe. Ich schaffe das nicht alleine.«

»In Berlin gibt es ein sehr gutes Früherkennungszentrum. Da fahren wir gleich am Montag hin«, schlägt Oma Kassy vor.
»Was machen die da mit ihm?«, fragt Mia besorgt.
»Sie führen Gespräche und machen eine Risikoabschätzung. Wenn sie feststellen, dass sich bei Thomas tatsächlich eine Psychose anbahnt, bieten sie Hilfe an.«
»Woher weiß man denn, dass jemand eine Psychose hat?«, fragt Mia leise.
»Ich höre Stimmen«, wimmert Thomas. »Ich stehe ständig unter Strom. Ich könnte nur noch heulen.« Und wieder laufen die Tränen.
»Und ich würde vorschlagen, dass wir uns nach Hilfsangeboten umsehen«, wirft Oma Kassy ein. »Es gibt Feriencamps, die darauf ausgerichtet sind, suchtkranken Jugendlichen zu helfen. Freizeitangebote. Wir sollten gucken, dass wir dein Umfeld etwas aufpeppen.«
»Okay.«
»Ich glaube, es ist schwierig, heute Party zu feiern, oder?«, fragt Mia leise.
»Ja, ich bin nicht in der Lage zu feiern«, gesteht Thomas.
»Dann fahren wir jetzt sofort zu einer Hilfseinrichtung«, sagt Oma Kassy entschlossen. »Und die anderen lassen wir feiern.«
»Kommst du mit?«, fragt Thomas Mia schluchzend.
Mia stöhnt innerlich.
Sie hatte sich sehr auf die Party gefreut.
Andererseits will sie Thomas auch nicht im Stich lassen.
»In Ordnung«, sagt sie schließlich.
»Tut mir leid, dass ich dir deinen Partyabend versaue«, sagt Thomas zerknirscht.
»Ist okay. Es kommen sicherlich noch mehr Partys.«

***

»Guten Tag«, sagt Oma Kassy.
»Oh, hallo! Wir schließen in einer halben Stunde«, sagt die Frau an der Anmeldung.
»Ich weiß. Steht ja draußen dran. Aber wir haben einen Notfall.« Oma Kassy lächelt die Frau freundlich an.
Diese atmet tief durch und lässt sich erweichen. Sie greift in ein Fach und holt mehrere Zettel und einen Stift hervor.
»Können Sie das bitte ausfüllen?«
»Ja.«
Mia nimmt die Zettel und setzt sich mit Thomas und Oma Kassy in den Warteraum. Dort füllt sie mit Thomas' Hilfe und Angaben den Fragebogen aus.
Eine Viertelstunde später werden sie in ein Beratungszimmer gerufen.
»Guten Tag! Wer ist Thomas Wietmüller?« Die Frau lacht leise. »War ein Scherz. Ist ja offensichtlich bei zwei Damen und einem jungen Mann.« Sie deutet auf einen Stuhl. »Setz dich bitte! Ich würde Thomas gerne alleine sprechen, ist das okay?«
Ängstlich blickt Thomas zu Mia. »Kannst du bitte bleiben?«
»Klar.«
»Ich gehe etwas vor die Tür«, bietet Oma Kassy an.
»In Ordnung«, sagt die Sozialarbeiterin. »Ich sehe anhand deiner Angaben, dass du schon so einiges an Drogen ausprobiert hast. Du hast außerdem schon einen Klinikaufenthalt gehabt. Wie kann ich dir jetzt helfen?«
»Ich kann nicht mehr«, sagt Thomas und spürt, wie ihm wieder die Tränen kommen. Mühsam versucht er sie zu unterdrücken.

»Verstehe. Konsumierst du jetzt noch Drogen?« Sie überfliegt den Fragebogen. »Ah, ich sehe, du rauchst noch Gras.«
»Ja.«
»Wann hast du das letzte mal einen Joint geraucht?«
»Vor ein paar Tagen. Ich weiß nicht mehr genau, wann.«
Die Frau nickt. »Gut. Du möchtest gerne entgiften?«
»Thomas ist heute zu unserer Party gekommen, aber bevor es losging, ist er in Tränen ausgebrochen. Wir brauchen wirklich Hilfe. Wir glauben, er kriegt eine Psychose«, erklärt Mia verzweifelt.
Die Frau tippt etwas in den Computer. »Eigentlich sind momentan alle Plätze restlos belegt.«
»Um welche Plätze handelt es sich denn?«, fragt Mia.
»Bevor wir Thomas einen Therapieplatz für eine Langzeittherapie besorgen können, musst du zwei Wochen in eine Entgiftungsklinik. Die Wartelisten für die Langzeittherapien sind lang. Momentan wartest du etwa ein Jahr auf einen Platz. Dann bekommst du dort eine Therapie mit stationärem Aufenthalt von etwa sechs bis zwölf Monaten«, rappelt die Sozialarbeiterin herunter.
Man merkt, dass sie täglich mit diesem Thema konfrontiert ist.
»Ein Jahr muss Thomas warten?« Mia ist entsetzt.
»Da kann es schon zu spät sein.«
»Was?«
»Vielleicht hat sich Thomas bis dahin umgebracht!«, ruft Mia empört. »Ich habe gelesen, dass die Selbstmordrate durch Psychosen und Cannabis-Missbrauch sehr erhöht ist.«
Unsicher blickt die Frau erst Mia, dann Thomas an. »Wenn es so akut ist, müsste ich dich einweisen lassen.«
»Es ist akut.«

»Das würde aber nichts daran ändern, dass die meisten Plätze restlos ausgebucht sind.« Wieder blickt sie auf ihren Bildschirm und tippt etwas ein. »Ich könnte dich heute noch in einer Entgiftungsklinik unterbringen. Hier müsstest du zwei Wochen lang bleiben. Und hier wäre vielleicht noch ein Platz in einer Klinik, bei der die Therapie etwa zwölf bis sechzehn Wochen lang ist. Sie ist darauf spezialisiert, Jugendliche in einer überschaubaren und familiären Atmosphäre aufzufangen. Es sind kleine Gruppen und man versucht, mithilfe von sportlichen Aktivitäten und der Betreuung von Tieren zu arbeiten. Sie bringen dir Techniken bei, wie du dem sogenannten Suchtdruck entgehen oder vielmehr ihn aushalten kannst.«
»Da gibt es Techniken?«, fragt Thomas erstaunt.
»Ja. Du machst täglich Sport und bekommst spezielle Aufgaben. Du kannst in Projekten verschiedene Gegenstände bauen, oftmals sind das Tischlerarbeiten, du hast aber auch ein wenig Schule, denn die Therapie dauert ja länger an als deine Ferien sind.«
»Und da wäre etwas frei?«
»Ja. Du hast Glück. Es ist jemand abgesprungen. Ich rufe sofort da an, um dir den Platz zu sichern.« Sie telefoniert kurz und legt schließlich lächelnd auf. »Na, das nenne ich Schwein gehabt. Sie hat dir den Platz reserviert, allerdings müssten deine Eltern etwas dazuzahlen, wenn du bestimmte Projekte mitmachen willst. Soweit ich weiß, wird nicht alles von der Krankenkasse getragen.«
»Dann zahlt die Krankenkasse die Therapie?«, fragt Mia. Die Frau nickt. »Ja. Drogenabhängigkeit gilt als Krankheit und wird daher von der Kasse übernommen. Aber immer nur bis zu einem bestimmten Grad.«
»Das macht nichts. Notfalls zahle ich es meinen Eltern zurück«, sagt Thomas zuversichtlich.

»Dann gebe ich dir jetzt die entsprechenden Papiere mit. Kann deine Oma dich fahren?«

Mia grinst. »Das ist die Oma meiner Freundin. Aber ich bin sicher, sie kann uns fahren.«

»Danke, dass Sie mir helfen«, sagt Thomas erleichtert.

***

»Ein neuer Fitnessclub in unserem kleinen Örtchen. Das ist echt gediegen«, freut sich Matt.

Gemeinsam mit Mia und Emma verlässt er das Studio.

»Hast du eigentlich mal was von Thomas gehört, Mia?«, fragt Matt.

Mia nickt. »Er schreibt mir regelmäßig Briefe.«

»Briefe? So richtig mit Briefumschlag und Briefmarke wie im letzten Jahrhundert?« Matt ist sichtlich überrascht und entlockt Mia ein Lachen. »Ja, so richtig mittelalterlich.«

»Apropos, Thomas« mischt sich Emma ein, »habt ihr mal wieder was vom Zigarettenmax gehört?«

»Dem Kek[22]? Nee«, sagt Mia. »Brauch' ich auch nicht. Der Idiot soll in der Versenkung bleiben.«

»Ich schon«, sagt Emma geheimnisvoll.

»Erzähl!« Mia pflanzt sich auf die Mauer.

Emma nimmt neben ihr Platz. »Er soll richtig Stress mit seinem Stiefvater gehabt haben. Ist wohl doch ein Problem, wenn sich Eltern trennen und die Mom 'nen Neuen hat.«

»Klar. Ich würde auch keinen ollen Knacker akzeptieren«, wirft Matt ein.

---

[22] Kek = Abwertende Bezeichnung für jemanden; Idiot

Emma schneidet eine Grimasse. »Traust du deiner Mutter nicht zu, dass sie sich einen netten Mann aussuchen würde?«

»Doch. Aber wer weiß, ob ab vierzig noch was Nettes draußen herumläuft«, kontert Matt und gibt Emma einen schnellen Kuss zur Besänftigung.

»Und was war mit dem Stiefpap?«, hakt Mia wieder ein.

»Der hat Max vor die Tür gesetzt, nachdem es wohl körperlich und verbal ziemlich zur Sache gegangen ist. Die Mom wollte wohl schon die Polizei rufen, hat dann aber 'nen Rückzieher gemacht.«

»Woher weißt du das? Hast du etwa die Eulenpost abgefangen?«, feixt Matt.

Emma grinst. »Nee, ich habe ein Gespräch zwischen Helen und einer Lehrerin mitgekriegt.«

»Warum redet die Streetworkerin mit 'ner Lehrerin von Max?«

»Weil Max nicht mehr zur Schule gegangen ist. Er hat geschmissen.«

»Im Ernst? In welcher Klasse war er?«

»In der 7. und soweit ich das mitgekriegt habe, ist er glatt zum zweiten Mal sitzen geblieben.«

»In der Hauptschule?«, fragt Mia entsetzt. »Das erfüllt jawohl richtig das Klischee, dass Hauptschüler nix auf die Reihe kriegen und nur Drogen verticken.«

»Ganz so kannst du das auch nicht sagen«, sagt Matt. »Meine Cousine ist auch auf der Hauptschule. Hat LRS[23]. Und die ist normal. Muss halt doppelt so viel lernen.«

»Hart!«

»Ja.«

---

[23] LRS = Lese-Rechtschreibschwäche

»Linda hat auch LRS und ist auf dem Gymnasium. Das hat also gar nix zu sagen. Die Lehrer müssen einfach Rücksicht darauf nehmen, dass die Schüler schlechter lesen können und viele Rechtschreibfehler machen«, sagt Emma schulterzuckend.
»Dasselbe gilt doch auch für diese Rechenschwäche. Wie hieß die noch gleich?«, fragt Matt.
»Dyskalkulie«, antworten Mia und Emma gleichzeitig.
Sie sehen sich an und lachen.
»Wer hat Dyskalkulie?«, hören sie eine vertraute Stimme.
Mia wirbelt herum. »Thomas! Was machst du denn hier?«
Erfreut fällt sie ihm um den Hals.
Thomas sieht gut aus.
Sehr gut sogar.
Mia mustert ihn bewundernd. »Wow! Du hast dich total verändert. Bist gewachsen. Irgendwie sportlicher.«
»Ich treibe seit Wochen Sport. Jeden Tag.«
»Digger, das sieht man!« Matt klatscht Thomas' Hand ab und stößt mit der Schulter gegen seine. Dann umarmen sie sich kurz. »Hattest genug Urlaub, was?«
Thomas grinst. »So könnte man das sagen, ja.«
»Wann bist du wieder gekommen?«, fragt Mia noch immer total perplex.
»Heute.«
»Und da lässt dich dein Alter schon wieder aus dem Käfig?«, wirft Matt ein.
Thomas lächelt. »Er meinte, ich sehe so stabil aus, dass er sich keine Sorgen macht.«
»Und?« Unsicher blickt Mia ihn an. »Bist du stabil?«
Nachdenklich blickt Thomas sie an. »Ich denke schon.«
»Klingt nicht so überzeugt.«
»Naja, ich glaube, ich brauche einen Ortswechsel. Hier würde ich immer wieder zu denselben Leuten gehen und

dieselben Plätze aufsuchen. Ich habe überlegt, nach Berlin zu gehen.«

Mia rutscht das Herz in die Hose. »Echt?«

Thomas seufzt. »Ja. Ich will zwar nicht weg von dir, aber ich weiß nicht, ob ich es hier packe. Ich müsste meinen kompletten Freundeskreis aufgeben.«

»Den kompletten Freundeskreis?«, wiederholt Mia voller Empörung. »Damit meinst du doch wohl nicht uns, oder?«

Thomas bemerkt seinen ›*Fehler*‹. Eilig ergreift er ihre Hand. »Süße, du bist wirklich die Liebe meines Lebens. Ich habe oft an dich gedacht. Aber ich weiß, wenn ich hier bleibe, würde ich mir von Max und den anderen schnell wieder was andrehen lassen.«

»Also doch nicht so stabil«, sagt Mia traurig.

»Irgendwann schon.« Thomas drückt ihre Hand. »Du könntest mitkommen.«

»Niemals!«, ruft Emma erschrocken. »Nimm mir bloß nicht meine Freundin weg!«

»Ich habe die Möglichkeit, bei meinem Onkel und seinem Mann in Berlin zu wohnen«, sagt Thomas. »Mein Vater hat schon zugestimmt. Erst war er nicht so begeistert.« Thomas lacht. »Ich schätze, er hat noch immer Angst, dass Homosexualität ansteckend ist. Aber dann hat ihn der Arzt in der Klinik überzeugt.«

»Was hat der Arzt gesagt?«

»Nun, er meinte, es sei einfacher für mich, den Wohnort zu wechseln und einen neuen Freundeskreis aufzubauen. Hier würden zu viele Erinnerungen hochkommen und der Suchtdruck vielleicht zu groß werden«, erzählt Thomas.

»Wow! Dann sehe ich dich nicht mehr wieder?« Mia lässt den Kopf hängen.

Thomas macht einen Schritt auf sie zu und hebt ihr Kinn.
»Sieh mich an, Mia!«
Mia schaut auf.
»Ich liebe dich, ehrlich! Der Gedanke, dass du da bist, hat mich immer motiviert, nicht aufzugeben. Und ich weiß, du würdest mich auch nicht zu Drogen motivieren. Aber vielleicht können wir eine Art Wochenendbeziehung führen?«
»Wochenendbeziehung?«
»Ja, du kommst mich in Berlin besuchen und ich dich ab und zu hier.«
Mia atmet tief durch. »Puh! Das sind echt überraschende Neuigkeiten.«
»Allerdings gibt es eine Einschränkung…«
»Welche?« Mia hat keine Ahnung, wovon Thomas spricht.
»Das nächste Jahr gehe ich auf gar keinen Fall auf irgendwelche Partys. Das würde ich nicht durchstehen. Ich will nicht rückfällig werden. Kannst du das akzeptieren?«
»Klar, wenn das alles ist.« Mia lächelt.
»Morgen habe ich noch eine Überraschung für dich«, deutet Thomas an.
»Noch eine? Ich bin mir gar nicht so sicher, ob ich die hören möchte«, sagt Mia missvergnügt.
Thomas lacht und zieht sie in seine Arme. »Es ist eine gute Überraschung. Ein Geschenk.«
Mia lächelt. »Geschenke sind gut. Muss ich wirklich bis morgen warten?«
Thomas nickt. »Ja, musst du.«

***

»Dann rück mal raus mit deiner Überraschung, Gymkie!«, feixt Matt.

»Die ist doch nicht für dich«, raunzt Emma ihren Freund an.
Thomas zwinkert ihnen zu.
Dann zieht er ein Tuch von etwas Großem herunter und entblößt eine Skulptur aus Stein.
Sie zeigt ein Pärchen, wobei die zwei extreme Ähnlichkeit mit Thomas und Mia haben. Sie sind eng umschlungen, wobei sie ihn anhimmelt.

Zu ihren Füßen liegt ein Sack, aus dem allerlei Dinge herausfallen. Er hat seinen Fuß auf dem Sack.
»Sind das zerbrochene Zigaretten?«, fragt Mia überrascht.

»Ja.«
»Und 'ne kaputte Bong?«, wirft Matt ein.
Thomas nickt.
Er ist sichtlich stolz auf sein Kunstwerk.
»Du bist richtig, richtig gut, Thomas!«, lobt Mia.
»Der Direktor von der Kunsthochschule in Berlin meinte, wenn ich so weitermache, bekomme ich ein Stipendium und darf bei ihm Kunst studieren.«
»Und das willst du mir schenken?« Mia ist echt geplättet.
»Ja. Ich möchte dir dafür danken, dass du zu mir gehalten hast und mir geholfen hast, obwohl ich mich wie ein Arsch verhalten habe.«
Mia umarmt Thomas und gibt ihm einen dicken Kuss auf den Mund. Thomas nutzt die Gelegenheit und erwidert den Kuss.
»Uuuuh«, pfeift Matt leise.
»Das ist ja abgefahren«, ertönt eine Stimme hinter ihnen.
»Frau Hafer, Sie hier?«
Vor ihnen steht die Schulleiterin. »Ja, und offensichtlich zur rechten Zeit am rechten Ort. Wer, in Himmels Namen, hat diese krasse Figur gemacht?«
»Ich«, sagt Thomas stolz.
Anerkennend nickt Frau Hafer ihm zu. »Das ist ein Meisterwerk. Sie würde sich prächtig in unserer Schule machen. Gleich am Eingang, so dass alle sehen können, dass Liebe und Freundschaft wichtiger sind als Drogen. Was für eine Botschaft, Thomas!«
»Danke, Frau Hafer! Aber die Skulptur gehört Mia.«
»Ach, wie schade«, bedauert die Schulleiterin. »Kann ich sie dir abkaufen?«
»Geschenke darf man nicht verkaufen«, erwidert Mia.
»Vielleicht kannst du eine Ausnahme machen?«, flüstert Thomas ihr zu.

»Meinst du?«

Thomas nickt und beugt sich vor. »Das Geld könntest du nutzen, um ganz oft zu mir nach Berlin zu fahren.«

»Klar. Ich könnte einen Moped-Führerschein machen und mir 'ne Simson oder so kaufen.«

»Geile Idee!« Thomas gibt ihr einen Kuss.

»Für einen Führerschein und eine gebrauchte Simson würde ich Ihnen die Skulptur für den Schulhof überlassen«, sagt Mia schließlich.

Frau Hafer denkt kurz darüber nach, dann lächelt sie. »Geht klar. So machen wir das.«

Mia und Emma geben sich ein High-Five, dann lässt sich Mia in Thomas' Arme ziehen. »Gott, ich bin so froh, dass ich noch eine Chance bei dir habe. Ich verspreche dir auch hoch und heilig, ich fasse das Zeug nie wieder an.«

»Und ob du die hast. Für immer und ewig.« Mia stellt sich auf Zehenspitzen und gibt Thomas einen Kuss. »Ich nehme dich beim Wort. Gib Drogen keine Chance!«

Thomas schüttelt den Kopf. »Nein, never ever again[24].«

Ende

---

[24] Englisch, ›niemals wieder‹

Suchtberatungsstellen

Hier kann dir geholfen werden:

Deutschland

Telefonische Beratung

- **Bundesweite Sucht- und Drogen-Hotline** (24 Stunden): 01806 - 31 30 31 (20 ct/Min., Mobilfunkpreise abweichend), www.sucht-und-drogen-hotline.de
- Die **Telefonseelsorge** bietet eine kostenlose und anonyme Beratung rund um die Uhr und kann an geeignete Beratungsstellen weiter verweisen. 0800-111 0 111 oder 0800-111 0 222
- **Nummer gegen Kummer**: Kinder und Jugendtelefon 116 111, Elterntelefon 0800-111 0 550
- **Informationstelefon zur Suchtvorbeugung** der Bundeszentrale für gesundheitliche Aufklärung (BZgA) unter 0221-89 20 31 an. Auf Wunsch wird Ihnen hier eine Beratungseinrichtung in Ihrer Nähe genannt.

Landesstellen für Suchtfragen

Landesstelle für Suchtfragen in Baden-Württemberg

Stauffenbergstr. 3
70173 Stuttgart
Tel.: 0711 - 61 96 70
E-Mail: info@suchtfragen.de Internet: www.suchtfragen.de

Koordinierungsstelle der bayerischen Suchthilfe (KBS)

Lessingstr. 1
80336 München
Tel.: 089 - 53 65 15
E-Mail: info@kbs-bayern.de Internet:www.kbs-bayern.de

Landesstelle Berlin für Suchtfragen e.V.

Gierkezeile 39
10585 Berlin
Tel.: 030 - 34 38 91 60
E-Mail: buero@landesstelle-berlin.de Internet: www.landesstelle-berlin.de

Brandenburgische Landesstelle für die Suchtfragen e. V.

Behlertstr. 3A Haus H1 14467 Potsdam
Tel.: 0331 - 581 380 0 E-Mail: info@blsev.de Internet: www.blsev.de

Bremische Landesstelle für Suchtfragen e. V.

Rosenak-Haus
Kolpingstr. 7
28195 Bremen
Tel.: 0421 – 98 97 917 E-Mail: j.diekmann@brels.de
Internet: www.brels.de

Hamburgische Landesstelle für Suchtfragen e.V.

Büro für Suchtprävention Repsoldstr. 4
20097 Hamburg
Tel.: 040 - 284 99 18-0
E-Mail: hls@sucht-hamburg.de Internet: www.sucht-hamburg.de

Hessische Landesstelle für Suchtfragen (HLS) e. V.

Zimmerweg 10
60325 Frankfurt am Main
Tel.: 069 - 71 37 67 77
E-Mail: hls@hls-online.org
Internet: www.hls-online.org
Beratungsangebot zum Thema Computersucht:
www.hls-webcare.org

Landesstelle für Suchtfragen Mecklenburg-Vorpommern e. V.

Körnerstr. 7
19055 Schwerin
Tel.: 0385 - 50 06 -151 E-Mail: info@lsmv.de Internet: www.lsmv.de

Niedersächsische Landesstelle für Suchtfragen e. V.

Grupenstr. 4
30159 Hannover
Tel.: 0511 - 626266-0 E-Mail: info@nls-online.de Internet: www.nls-online.de

Landesstelle Sucht NRW

Geschäftsstelle c/o Landschaftsverband Rheinland
Dezernet 8
50663 Köln
Tel.: 0221 - 80 97 794

E-Mail: kontakt@landesstellesucht-nrw.de Internet: www.landesstellesucht-nrw.de

Landesstelle Suchtkrankenhilfe Rheinland-Pfalz - c/o Diak. Werk Pfalz

Karmeliterstr. 20
67346 Speyer
Tel.: 0632 - 664-209/ 158
E-Mail: achim.hoffmann@diakonie-pfalz.de Internet: www.diakonie-pfalz.de

Saarländische Landesstelle für Suchtfragen

Träger: Liga der Freien Wohlfahrtspflege im Saarland Federführung: Caritasverband für die Diözese Trier e.V. c/o Caritasverband Schaumberg- Blies e.V. Hüttenbergstr. 42

66538 Neunkirchen
Tel.: 06821 - 92 09- 13

E-Mail: h.arend@caritas-nk.de
Internet: www.landesstelle-sucht-saarland.de

Sächsische Landesstelle gegen die Suchtgefahren e. V.

Glacisstr. 26
01099 Dresden
Tel.: 0351 - 804 5506 E-Mail: info@slsev.de Internet: www.slsev.de

Landesstelle für Suchtfragen im Land Sachsen-Anhalt

Halberstädter Str. 98 39112 Magdeburg
Tel.: 0391 - 54 33 818 E-Mail: info@liga-fw-lsa.de
Internet: www.liga-fw-lsa.de

Landesstelle für Suchtfragen Schleswig-Holstein e. V.

Schreberweg 5
24119 Kronshagen Tel.: 0431 - 54 03 34 0 E-Mail: sucht@lssh.de Internet: www.lssh.de

Thüringer Landesstelle für Suchfragen e. V.

Arnstädter Str. 50
99096 Erfurt
Tel.: 0361 - 74 64 58 5
E-Mail: info@tls-suchtfragen.de Internet: www.tls-suchtfragen.de

Berlin

Früherkennungs- und Therapiezentrum für beginnende Psychosen (FETZ)
Klinik für Psychiatrie und Psychotherapie, Charité-Universitätsmedizin Berlin, Campus Charité Mitte
Schumannstr. 20–21
10117 Berlin
Tel.: (030) 4 50 51 70 78
E-Mail: fetz@charite.de
URL: www.charite.de/fetz

soulspace – für junge Menschen im Alter zwischen 15 und 35 Jahren in Krisen
https://soulspace-berlin.de/
030 – 28 47 66 48
kontakt@soulspace-berlin.de
Haus der Parität, Grimmstr. 16/ 1. OG, 10967 Berlin

Fritz am Urban - ein Therapiezentrum für junge Erwachsene mit beginnenden psychischen Krisen
https://fritz-am-urban.de/
Früherkennungsinitiative – FIT
030 – 130 22 60 49
fritz@vivantes.de

Kontakt: **FRITZ-Station direkt**
030 – 130 22 72 20
Kliniken für Psychiatrie, Psychotherapie und Psychosomatik mit FRITZ & soulspace
Vivantes Klinikum Am Urban und Vivantes Klinikum im Friedrichshain, Akademische Lehrkrankenhäuser Charité-Universitätsmedizin Berlin
Dieffenbachstr. 1, 10967 Berlin

Bochum
Psychosezentrum Ruhrgebiet
Westfälisches Zentrum für Psychiatrie und Psychotherapie, Bochum
Alexandrinenstr. 1–3
44791 Bochum
Tel.: (0234) 50 77 – 0
E-Mail: info@psychosezentrum.de
URL: www.psychosezentrum.de
Kompetenznetz Schizophrenie:
www.kns.kompetenznetz-schizophrenie.info

Bonn
Früherkennungszentrum für Psychosen (FEP)
Uniklinikum Bonn
Sigmund-Freud-Straße 25
53127 Bonn
Telefon: +49 228 / 287 197 40
Web: http://www.psychose-frueherkennung.de/
E-Mail: info@esprit-ukb.com

Düsseldorf
LVR-Klinikum Düsseldorf -
Kliniken der Heinrich-Heine-Universität
Bergische Landstr. 2
40629 Düsseldorf
Tel.: (0211) 92 2 - 34 90
E-Mail: elisabeth.streit@lvr.de oder kim.teufel@lvr.de
URL: www.rk-duesseldorf.de

Hamburg
Psychosen Ersterkennungs- und Behandlungsprojekt (PEB)
Universitätsklinikum Hamburg-Eppendorf
Klinik für Psychiatrie und Psychotherapie
Martinistr. 52
20246 Hamburg
Tel.: (040) 42 8 03 - 32 36 oder -76 70
E-Mail: lambert@uke.uni-hamburg.de
URL: www.uke.uni-hamburg.de

Köln
Früherkennungs- und Therapiezentren in Deutschland (FETZ)
Joseph-Stelzmann-Str. 9
50931 Köln
Tel.: (0221) 47 8 - 40 42
E-Mail: beratung@fetz.org
URL: www.fetz.org

München
FETZ-München
Früherkennungs- und Therapie-Zentrum für Psychotische Krisen
Psychiatrische Universitätsklinik der LMU
Nussbaumstr. 7
80336 München
Tel.: (089) 51 60 - 58 66
E-Mail: fetz@psy.med.uni-muenchen.de
URL: http://www.med.uni-muenchen.de

Herzbuch-Autorin und Illustratorin

Als Herzbuch-Autorin stehe ich für kind- und jugendgerechte Aufklärung mit Herz. Ich habe nicht nur die Aufklärungsreihe ›Mia - Aufklärung mit Herz‹ mit brisanten Sachthemen und harten Fakten über Homosexualität, Trauerbearbeitung, Flüchtlinge, Mobbing, Sexualität, Transgender und Drogen geschrieben, sondern ebenso Märchen und Komödien, die auch dein Herz zum Lächeln bringen.
Mein Geheimnis? Ich liebe meine Arbeit, und das seit meinem 9. Lebensjahr.

Willst du mehr über mich wissen, dann besuche meine Website
https://www.lilly-froehlich.de/

Quizzfragen zur Mia-Reihe findest du übrigens auf www.antolin.de.

Bestseller ohne Cover?

Unmöglich!

Wir geben deiner Kunst ein Gesicht.

Hole dir noch heute deine kostenlose Erstberatung!

https://isabelleferrara.myonlinemail.de/

https://www.nuebedia.de/kuenstler.html

Ebenso im Handel erhältlich als Taschenbuch und E-Book
**Trennung - Eine Patchworkfamilie für Mia
(Band 1)**

Die siebenjährige Mia wollte eigentlich eine Schwester – bekommen hat sie einen leeren Küchenstuhl, denn ihre Eltern haben sich getrennt. Und weil das heutzutage gar nicht mehr so ungewöhnlich ist, lebt Mia bei ihrem Papa.
Während sich ihr Papa in ihre Klassenlehrerin verliebt, verliebt sich der kleine Pinguin Fridolin in Mia. Wird Frau Biber nun ihre neue Mama und deren Sohn Benjamin ihr neuer Bruder?
Mias Leben ist plötzlich wie ein zusammengewürfelter Haufen bunter Flicken – Patchwork eben!

**ISBN: 978-3-740-765576
Ab 6 Jahre**

Ebenso im Handel erhältlich als Taschenbuch und E-Book
Andersrum - Mia und die Regenbogenfamilie (Band 2)

Aufregung in Bärenklau! Mias Klasse bekommt Zuwachs – ein Zwillingspärchen aus der Hauptstadt. Nils und Amelie haben zwei Mütter, leben also in einer Regenbogenfamilie, und davon haben die Bewohner in Bärenklau noch nie gehört, erst recht nicht die Klasse 3b. Und so beschließt ihr neuer Klassenlehrer, Herr Knabe, die unterschiedlichen Familienformen im Unterricht zu besprechen. Ganz zum Ärger von Thomas' Vater, der einen Riesenwirbel veranstaltet, um Herrn Knabe auszubremsen. Mia freundet sich mit den Zwillingen an und stellt schnell fest, dass zwei Mütter fast ganz normal sind – Regenbogen eben!

ISBN: 978-3-740765583
Ab 7 Jahre
Von der AJuM der GEW für Schulen empfohlen!

Ebenso im Handel erhältlich als Taschenbuch und E-Book

Neuanfang - Mia und die Flüchtlingsfamilie
(Band 3)

Die Bürger von Bärenklau sind nervös und haben Angst. Menschen aus fremden Ländern, in denen Krieg herrscht, sollen in ihrem kleinen Ort untergebracht werden. Dabei ist das Dorf doch viel zu klein, niemand spricht Arabisch und die Fremden verstehen kein Wort Deutsch. Als das Flüchtlingskind Samira in Mias Klasse kommt, spaltet sich die Klassengemeinschaft, genauso wie das Dorf, in zwei Lager: diejenigen, die die Fremden ablehnen und diejenigen, die sich über den Neuzuwachs freuen. Aber reicht das aus, damit die neuen Dorfbewohner heimisch werden?

ISBN: 978-3-740-765590
Ab 8 Jahre

Im Handel erhältlich als Taschenbuch und E-Book
Überlebenskampf - Mia und die Zirkusfamilie
(Band 4)

Hurra, der Zirkus ist da! Mia freut sich riesig auf die Vorstellung, doch die Freude wird durch demonstrierende Tierschützer getrübt. Als die beiden Zirkusmädchen Tina und Toulouse in Mias Schulklasse kommen, tauchen eine Menge Fragen auf. Mia besucht mit ihren Mitschülern den großen Circus Diadem und die Tierschutzorganisation von Bärenklau. Hier dürfen die Kinder einen Blick hinter die Kulissen werfen. Bei Mia geht es also mal wieder turbulent zu und ein tragischer Unfall auf der Klassenreise am Meer führt zum Gefühlschaos.

ISBN: 978-3-740-765606
Ab 8 Jahre

Im Handel erhältlich als Taschenbuch und E-Book
Entmobbt - Mia und die Pflegefamilie
(Band 5)

Mobbingopfer können sich nicht von alleine aus der Mobbingfalle befreien und Mobber hören mit dem Schikanieren von sich aus auch nicht wieder auf. Das müssen Mia und ihre Freunde schnell feststellen, als Michael über einen längeren Zeitraum immer heftiger von Lennard, Boris und Hannes geärgert und verletzt wird. Sie wenden sich an ihren Klassenlehrer Herrn Knabe, der Anti-Mobbing-Experten an die Schule holt. Nach einem Selbstmord an der Schule organisiert der Schülerrat das Projekt „Schule ohne Rassismus - Schule mit Courage". Zeitgleich erfährt Mia nicht nur, dass ihre Tante eine „Bereitschafts"-Pflegemutter ist, sondern ihr langjähriger Kumpel Lucas ein Pflegekind. Warum lebt er in einer Pflegefamilie und was bedeutet das überhaupt? Warum hat er so ein großes Geheimnis daraus gemacht?

ISBN: 978-3-740-765613
Ab 10 Jahre

Ebenso im Handel erhältlich als Taschenbuch und E-Book
Ungewollt - Mia und die Teeniefamilie
(Band 6)

Bella Lustig ist Mias Klassenkameradin und eigentlich recht unauffällig. Heimlich trifft sie sich mit dem Mädchenschwarm der Klasse, Boris Brotmayer, und plötzlich ist sie schwanger. Mia, Emma und Amelie sind geschockt. Bella ist doch erst 15! Der Klassenlehrer, Herr Knabe, holt sich externe Unterstützung, um die Klasse aufzuklären. In einer Projektarbeit bekommen die Schüler ein Baby-Dummy, eine Puppe, die schreit, wenn sie versorgt werden will.
Unglücklicherweise sind Bellas Eltern gegen die Schwangerschaft. Als das Baby da ist, fühlt sich Bella schnell überfordert. Und mit einem Mal ist es gar nicht mehr so aufregend, ein Baby zu haben, denn Bella muss sich Tag und Nacht um die Kleine kümmern. Bald ist sie am Ende ihrer Kräfte - eine Lösung muss her. Werden Mia und Emma ihr helfen können?

ISBN: 978-3-740-765620
Ab 12 Jahre

Im Handel erhältlich als Taschenbuch und E-Book
Seelenchaos - Mia und die Adoptivfamilie
(Band 7)

Transgender? Transidentität? Transsexualität? Das sind Begriffe, mit denen sich bisher kein Bärenklauer auseinandersetzen musste! Als Christina in Mias Klasse kommt, sorgt sie für Wirbel, denn Christina möchte ›Chris‹ genannt werden und sagt, sie sei ein Junge - ein ›Trans*Junge‹. Davon wollen Chris' Eltern jedoch nichts hören. Mias Klassenlehrer, Herr Knabe, holt Fachleute in die Schule, um sich und die Schüler der Klasse 8b über Transidentität aufzuklären. Aber auch Chris' Freundin René hat ein Problem: Sie hat herausgefunden, dass sie als Baby adoptiert wurde und ist deswegen von zuhause weggelaufen. Warum haben ihre Adoptiveltern das verschwiegen? Und wer sind ihre leiblichen Eltern? Mia und Emma wollen helfen. Aber reicht das, um Chris Anerkennung als Jungen zu verschaffen und René wieder mit ihren Adoptiveltern zusammenzuführen?

ISBN: 978-3-740765637
Ab 12 Jahre

Ebenso im Handel erhältlich als Taschenbuch und E-Book
Interview mit Rumpelstilzchen Junior
(Märchen)

Emma Valentino wollte Steven nur eine Einladung zur Kostümparty geben. Doch dann saß sie plötzlich in einer Waldhütte vor einem zotteligen Zwerg, der behauptete, Rumpelstilzchens Sohn zu sein.

Er ist es leid, dass sein Vater als Bösewicht in die märchenhafte Geschichte eingegangen ist, und will endlich mit den Vorurteilen aufräumen.

Im Gegenzug für das Interview hat er Emma ein Date mit Steven versprochen. Und so purzelt sie in ein märchenhaftes Abenteuer mit vielen Überraschungen.

ISBN: 978-3-740-705640
Ab 10 Jahre

Ebenso im Handel erhältlich als
Taschenbuch und E-Book
Zabzaraks Spiegel
(Fantasybuch)

Die Erde war einst ein Ort, an dem Menschen und Lichtwesen friedlich miteinander lebten. Doch eines Tages erklärte der machthungrige Zauberer Tarek Su Zabzarak den Krieg. Er tötete das gütige Herrscherpaar Lady Tizia und Lord Kodron. Dann stahl er den Elben das Lachen und die Musikinstrumente, so dass sie keine Menschen mehr heilen konnten. Zabzarak krönte sich selbst und wurde zum Herrscher über Zaranien. Etwa tausend Jahre später half ein Junge namens Merlin seinen Freunden bei der Suche nach einem Kater. Dabei durchbrach er den Schleier des Vergessens. Jeremy und Lissy versuchten ihn aufzuhalten und landeten mit ihm in Zaranien, dem Land der Elben und Feen. Sind die drei Freunde tatsächlich die Auserwählten? Können sie es mit dem schwarzmagischen Zauberer und seiner Armee aufnehmen?

ISBN: 978-3-740-745875
Ab 9 Jahre

Als Taschenbuch und E-Book im Handel erhältlich

Susannah-Bücher

  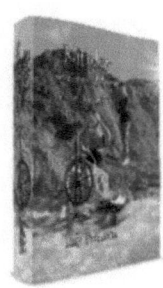

Band 1 - Bänker sind vom Schnöselplaneten - Echt!
(ISBN: 978-3-740733261)

Band 2 - Und Clowns sind aus dem All - Echt!
(ISBN: 978-3-74074309)

Band 3 - Kinder sind vom Mars - Echt!
(ISBN: 978-3-740743604)

Susannah Johnson hat eine Pferdemähne wie ein Haflinger, einen Hintern so groß wie ein Mini-Ufo-Landeplatz und als Tochter einer wirklich biestigen Mutter nimmt sie so ziemlich jedes Fettnäpfchen mit. Sie glaubt fest an das (australische) Rumpelstilzchen und natürlich an (verschlafene) Sachbearbeiter im Universum, die ihr ständig die falschen Typen vor die Nase setzen.
Aber dann endlich findet sie ihren Traummann und natürlich macht auch das Familienglück vor diversen Pannen kein Halt.

Urkomische Bücher für alle, die mal wieder so richtig lachen wollen

Ebenfalls als Taschenbuch und eBook im Handel erhältlich

Ein Zwilling kommt niemals allein
ISBN: 9-783-740-75298-9

Melina Klein wird auf einer Musiksession von Amors Liebespfeil vergiftet, nur leider hat Amor vergessen, die Adresse des Auserwählten an den Pfeil zu kleben. Benjamin Müller ist leider nicht nur Ehemann, sondern auch ein Zwilling. Als Henri Müller auf Melina trifft, nimmt der Zwillingstausch seinen Lauf!

Du schon wieder
ISBN: 978-3-740-75312-2

Anabelle Hausstein, Lehrerin, könnte mal ein Blind Date vertragen, findet ihr Bruder. Doch der Anvisierte, Phineas Thor Marvelin, Polizist, ist alles andere als begeistert von dem schlagfertigen ›Nilpferd‹. Finden die zwei trotz Fehlstart zueinander?

Millionär auf Abwegen
ISBN: 978-3-740-75315-3

Henrik Amandus Edmundus, Multimillionär, hat die Nase voll von ›Geldgeierladys‹ und trifft ausgerechnet auf Kathalea Pfennigbaum, die es satt hat, alle Männer durchzufüttern. Aber schafft es der Sachbearbeiter im Universum, einen angeblichen Müllmann mit einer ›Millionärjägerin‹ zu verkuppeln?